지방의회도
인사청문회를한다

박순종 · 박기관 · 이승모

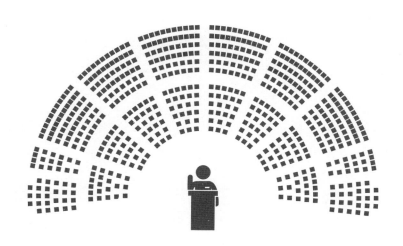

박영사

머 리 말

우리나라 지방의회는 복잡한 사연과 질곡의 역사였다. 한국의 지방의회
는 제헌헌법과 함께 출발했으나, 1952년 전쟁 중에 최초로 구성되었고,
1961년 군사 쿠데타로 사라져 긴 동면(冬眠)으로 빠져들었다. 이후 지방
의회 구성에 관한 헌법 규정이 존재했음에도 불구하고 정치적 이해와 경
제발전의 논리에 묻혀 시도조차 되지 못하다가 1987년 6·29선언을 계기
로 1991년에 재출범했다.

사실 부활된 지방의회를 돌이켜 보면, 지방의회는 중앙에 종속되었던
지방정치에 전기를 마련하였음은 부정할 수 없다. 지방의회는 중앙정당
정치의 구조적 제약 속에서도 주민의 의사와 이익을 대표하고, 집행기관
의 행정을 견제·감시하였을 뿐만 아니라 강력한 단체장의 전횡을 방지함
으로써 지역민주주의의 성장을 더욱 가속화시켰다. 하지만 끊임없는 정당
공천제와 선거제도의 논쟁 그리고 지방의회의 자치입법을 비롯한 기본 기
능과 운영에 관한 제도 등에서 '분권'과 '자치'의 논란이 지속되고 있다.

이러한 가운데 최근 2022년 1월 13일 시행된 전부 개정된 지방자치법
은 지방자치의 역사적 전기와 함께 지방의회의 새로운 패러다임을 형성하
는 계기를 마련하였다. 이번 지방자치법은 기존 중앙정부 중심의 획일적
국정운영 방식을 탈피하여 지역 간 다양성 강화를 통해 국가 경쟁력을 신
장시키고자 하였다. 지방정부는 물론 지방의회의 자율성 강화와 책임성을
확보하고, 중앙과 지방의 협력적 동반관계의 전환과 함께 획기적인 주민
주권 구현 등을 통한 새로운 지방시대를 실현하기 위한 전면적인 개정이
었다. 특히 이번 개정된 지방자치법 중에서 그동안 지속적으로 요구되어
온 지방의회의 권한 및 역량 강화와 관련된 사항이 반영되었다. 즉 지방
의회 사무직원의 인사권한이 지방의회 의장에게 부여되었고, 지방의원의
의정활동을 지원하기 위해 유급보좌관 성격인 정책지원 전문인력을 들 수
있는 규정이 신설되었다. 이로 인해 지방정부 권력의 불균형적 구조인 강

단체장−약지방의회 체제의 문제가 일부 해소되고, 지방의회의 전문성과 정책역량이 한층 높아질 것이다.

지방 민주주의는 지방분권을 통해 지역 살림에 대해 지역이 자율성과 책임성을 갖는 지방자치를 기반으로 한다. 지방의회는 민주주의의 핵심적인 제도이며 민주성, 반응성, 책임성이라는 민주주의 일반원리에 토대를 두어야 한다. 그리고 지방의회의 목적은 지역주민의 의견을 적절히 대변하여 입법권을 행사하고, 집행기관이 집행을 효과적으로 감시하고 견제하는 것이다. 특히 지방의회 부활 이후 단체장의 인사권 남용과 정실·보은 인사 등에 대한 비판이 높게 일고 있는 가운데 이를 효과적으로 통제할 지방의회 차원의 제도적 장치가 필요하다는 목소리가 증가하고 있다. 이러한 맥락에서 단체장의 인사권을 효과적으로 통제하는 한편, 지방정부 산하기관장으로 높은 도덕성과 전문성을 갖춘 유능한 인재를 등용하기 위해 지방의회 차원의 인사청문회 도입 필요성이 꾸준히 제기되어 왔다. 즉 지방정부에서도 부단체장 등 일부 고위직과 지방공사·공단, 지방출자·출연기관과 같은 산하기관장에 대한 단체장의 인사권 견제, 합리적이고 투명한 인사 운용, 후보자 임용의 정당성 부여, 주민 참여 및 권리 향상 등을 위해 인사청문회 제도 도입은 매우 중요한 의미를 지닌다. 인사청문회는 단체장과 지방의회 어느 일방의 행위가 아니라 공동임명행위의 과정이자 정치적 책임도 함께 나누는 것이라는 사고의 전환이 필요하다. 아울러 인사청문회 과정에 주민참여방안을 모색함으로써 단체장−지방의회−주민이 함께 고위공직자 등을 공동 임명하는 구조를 만들어낸다면 지방자치의 가치를 구현하는 좋은 제도로 남을 것이다.

지방자치의 주체는 주민이며 지방의회는 지방자치단체의 기관이 아니라 주민을 대표하는 지방입법부가 되어야 한다. 즉 분권국가의 이념 속에 주민의 지방자치 주체성, 주민에 의한 지방정부 그리고 지방입법부로서의 지방의회가 실현되어야 한다. 향후 지방분권 개혁이 더욱 강화되면 지방의회의 기능과 역할이 더욱 강화될 것이다. 따라서 자치분권의 시대적 요청에 따른 주민주권에 기반한 지역공동체 실현이라는 인식으로 전환하고, 진정한 풀뿌리 지방자치의 정착을 위해서는 지방의회가 사회적 혁신의 주체로서 주도적이고 능동적인 역할을 수행해야 할 것이다.

이 책이 지방의회가 지방민주주의를 실현시키는 '실험의 장'으로서 본연의 기능과 역할을 할 수 있는 제도적 기반을 마련하는 데 작은 디딤돌이 될 수 있기를 기대한다. 지방의회 인사청문회를 연구하는 학자와 학생들을 비롯한 지방정부 및 지방의회의 일선에 있는 공직자들에게 많은 도움이 되기를 바란다.

이 책이 출판되기까지 함께 고생한 시간들을 잊지 못한다. 특히 기획부터 세상에 선보이기까지 많은 시간을 묵묵히 할애하신 박순종 박사님의 열정과 헌신 그리고 노고에 깊은 감사의 말을 전한다. 끝으로 이 책의 출판에 이르기까지 원고를 편집하고 교정하는 데 수고를 아끼지 않으신 양수정 선생님을 비롯한 박영사 임직원 여러분에게도 깊은 감사의 말을 드리고 싶다.

2023년 1월
저자 일동

차 례

제4장 지방의회 인사청문회 도입 실태 분석

제7장 더 나은 지방의회 인사청문회를 위하여

제8장 나 오 며

01

들어가며

01

들어가며

1. 지방의회 인사청문회 시작과 학계의 논의

2006년 7월 1일, 노무현 정부에서는 제주특별법[1]을 제정했다. 제주특별법 제정 당시 목적 조항(제1조)을 보면 그 의도를 파악할 수 있다. 제주특별법은 종전의 제주도의 지역적·역사적·인문적 특성을 살리고 자율과 책임, 창의성과 다양성을 바탕으로 고도의 자치권이 보장되는 제주특별자치도를 설치하여 실질적인 지방분권을 보장하고, 행정규제의 폭넓은 완화 및 국제적 기준의 적용 등을 통하여 국제자유도시를 조성함으로써 국가발전에 이바지함을 목적으로 한다고 규정했다. 이를 통해 알 수 있듯이 제주도를 제주특별자치도로 명명하고 고도의 자치권 보장 등을 통해 지방자치 실험의 장으로 활용하고자 했다. 이런 취지에 따라 제주특별자치도는 타 지방자치단체에 비해 월등한 수준의 자치권을 부여받게 되었다.

제주특별자치도의회의 경우도 마찬가지였다. 특히 지방자치단체 중 유일하게 인사청문회 제도를 도입하였다. 우리나라 지방자치 역사 중 최초의 일이었다. 이후 광역의회를 중심으로 인사청문회 제도 도입을 위한 노

---

1) 제주특별자치도 설치 및 국제자유도시 조성을 위한 특별법의 약칭이다.

력이 다각적으로 추진되어 왔다. 예를 들면, 자치법규인 조례 제정을 통한 지방의회의 도입 노력이 바로 그것이다.[2] 2010년 초·중반 시기에는 단체장이 먼저 인사청문회 도입을 제안하고 이를 지방의회가 수용한 형태였다면, 최근 들어서는 지방의회가 먼저 제안하고 단체장이 이를 수용하는 형태로 인사청문회가 도입·시행되고 있다.

한편, 과거 학계에서는 국회 중심의 인사청문회 제도에 관한 개선방안을 제시하거나 국가 간 비교연구 등이 꾸준히 진행되어 왔다. 그러나 지방의회 차원의 인사청문제도는 매우 미흡한 수준에 머물러 있었다. 제주특별자치도의회 인사청문회 제도의 개선방안을 논의하거나 지방의회가 주체가 되는 인사청문회 제도 도입의 필요성과 도입방안 등에 관한 규범적 차원의 연구 등이 일부 있을 뿐이었다. 이에 대한 가장 큰 원인은 제주특별자치도를 제외한 나머지 지방자치단체는 인사청문제도가 도입되지 않아 학계의 큰 주목을 받지 못했던 점이라 할 수 있다.

그러나 박순종·최병대(2015)의 연구, 즉 지방자치단체 인사청문회제도의 도입 실태를 분석한 연구가 발표되면서 관련 후속 논의가 활발하게 이뤄졌고 이후 학계에서도 지방자치단체 인사청문회제도에 관한 다양한 차원의 논의가 진행되어 오고 있다. 실무적으로도 전국 각 지방의회에 확산되고 있는 추세이다. 일부 기초의회를 비롯한 광역의회 대부분이 지역 실정과 여건에 맞는 다양한 형태로 인사청문회(또는 이와 유사한 제도)를 도입·운영하고 있다.

이 책은 이처럼 최근 지방의회 인사청문제도 연구와 논의가 활발하게 이뤄지고 있고, 많은 지방의회에서 실제 인사청문회를 운영하고 있다는 점에 착안해 이를 비교·분석하려는 의도에서 출발했다. 특히 지방의회 부활 30년이 지난 시점에서, 지방의회 인사청문회제도에 관한 그간의 학술적인 논의를 종합·정리하는 한편, 실무적 차원의 제도 개선방안 등을

---

2) 그러나 단체장의 재의요구와 대법원 제소, 그 결과 무효 판결로 인해 번번이 무산되었다.

제시하는 것은 의미 있는 일이라 평가할 수 있다.

이하 이 책의 구성은 다음과 같다. 제2장에서는 인사청문회에 대한 이해도를 높이기 위해 개념과 기능 및 필요성 등을 살펴본다. 제3장에서는 지방의회 인사청문회 도입 찬반을 둘러싼 논쟁과 그동안의 대법원 판례 등을 분석한다. 제4장에서는 지방의회 인사청문회 도입 실태를 분석하고 이를 종합해 제시한다. 제5장에서는 주요 지방의회의 인사청문회 운영 실태를 비교 분석한다. 제6장에서는 지방의회 인사청문회 운영의 그동안 성과와 한계, 제7장에서는 더 나은 지방의회 인사청문회를 위한 제도적 개선방안 등을 제안한다.

2. 지방의회도 인사청문회를 한다!

1) 두 장면: 지자체 산하기관장 임용을 둘러싼 논란과 지방의회 인사청문회

2021년 서울시장 보궐선거로 당선된 오세훈 시장은 서울주택도시공사(sh) 사장 후보자로 김○○ 전 국회의원을 내정했었다. 김 후보자는 각종 언론으로부터 다주택 보유 등 도덕적 흠결이 있다는 비판을 받았다. 이 상황에서 서울시의회는 인사청문회를 실시하였고, 그 결과 '부적격' 의견을 오세훈 시장에게 통보했다. 이후 이러한 사실이 언론의 주목을 받았고 오세훈 시장은 장고를 거듭하던 중에 김○○ 후보자 본인이 자진사퇴하기에 이른다.

이재명 국회의원이 경기도지사 재직 시절 맛칼럼니스트 황○○ 씨를 경기관광공사 사장 후보자로 내정한 것을 두고 보은인사라는 여론의 비판과 함께 지방정치권에서도 전문성 측면에서 적절치 않다는 등의 논란이 이어졌다. 그 과정에서 후보자 황○○ 씨는 경기도의회 인사청문회가 실시되기도 전에 자진사퇴했다. 이 두 사례는 지방의회 차원의 인사청문회가 왜 필요한지를 단적으로 보여준다.

그런데, 지방의회에서 인사청문회를 한다고? 국무총리, 장관 후보자 등 국회가 인사청문회를 실시한다는 건 들어봤는데, 서울주택도시공사나 경기관광공사 사장에 대해서도? 그렇다. 일부 지방의회에서는 일부 고위직을 비롯한 지방공기업과 출자·출연기관의 장에 대해 인사청문회 제도를 도입 운영하고 있다.

2) 단체장 견제·감시기관으로서의 지방의회

1991년 지방의회가 재구성되고 1994년 단체장도 주민의 직접 선거를 통해 선출되면서 본격적인 지방자치제도의 부활이 이뤄졌다. 이후 지속적인 지방분권 추진과 함께 중앙사무의 지방이양 등으로 인해 지방정부 권한은 날로 강화되는 추세이다. 특히 최근에는 30여 년 만에 지방자치법 전부개정이 이뤄져 혹자는 지방분권 2.0 시대를 맞이했다는 평가다.

그러나 우리나라 지방자치는 강시장-약의회형의 구조를 채택하고 있어 단체장에게 권력이 집중되는 경향을 보인다. 그럼에도 불구하고 견제와 균형의 원리를 따르는 기관대립형의 현행 구조에서 점점 비대해지고 있는 단체장의 권한을 효율적으로 견제·감시하기 위해서는 지방의회 역할이 더욱 강화되어야 한다.[3]

3) 단체장의 산하기관장에 대한 낙하산·정실·보은 인사

단체장은 부단체장 등 일부 고위직을 제외하고는 소속 공무원 인사에 전권을 행사하고 있으며, 지방공기업, 출자·출연기관 등 산하기관장에 대

---

3) 박순종·박노수. (2014). 지방의회 의원 보좌관제도의 차등적 도입에 관한 연구. 도시행정학보, 27(3): 61-89.

해서도 일정한 법적 절차를 거친 후 전속적인 임명권을 가진다. 이렇다 보니 일부 단체장의 낙하산·보은 인사 논란은 그동안 꾸준히 제기되어 왔다.

김철(2018)[4]은 2018년 8월 20일 기준 지방공기업 경영정보공개시스템을 분석한 결과를 다음과 같이 제시하고 있다. 그는 광역지자체 산하 지방공사·공단의 120여 개 상임위원직(기관장, 상임감사, 상임이사 등) 중에서 정치적 임용 7명, 퇴직 공무원 출신 58명 등 약 54% 정도를 논란의 여지가 있는 임용권 행사로 분류했다. 또한 135개 지방공사·공단의 기관장 중 전직 지방의원, 국회의원 보좌관·비서관 출신 17명, 퇴직 공무원 출신 84명 등 총 101명(74.8%)가 논란의 여지가 있는 인사라고 지적하고 있다. 그는 언론보도를 통해 자주 접하는 지방공기업 등의 비효율적 경영의 가장 큰 원인이 경영능력을 따지지 않는 낙하산 인사에 있다고 주장한다. 전문성보다는 이른바 지방선거에 도움을 준 측근 인사를 등용하는 보은, 정실 인사 또한 그 원인으로 지적된다.

4) 인사청문회는 의회 차원의 사전검증 절차

인사청문회는 미국·영국 등 서구 선진국과 우리나라 국회에서 이미 도입·시행되고 있는 제도로서 공직후보자에 대한 의회 차원의 사전 검증 절차로 확립되어 있다. '인사가 만사다'라는 격언은 이미 우리가 잘 아는 사실이다. 최근 중앙정부를 비롯한 지방정부 고위공직자 등에 대한 대통령·단체장의 인사권 행사와 관련하여 크고 작은 잡음이 계속되고 있는데, 유능한 인재를 적재적소에 배치하는 것이야말로 동서고금을 떠나 정부 운영의 기본이라 할 수 있다. 인사권자의 인사상 잘못과 남용은 부정부패와 행정의 비능률, 지역주의 문제 등을 발생시킬 소지가 있다. 이러한 사유로 우리나라에서도 대통령의 인사권 오·남용을 막기 위한 국회 차원의 제도

---

4) 김철. (2018). "지방공기업 낙하산 인사의 실태와 개선 방향." 사회공공연구원 이슈 페이퍼 2018-06.

적 장치(David Beetham, 1987: 58)로 2000년부터 국회법 개정을 통해 인사청문회를 도입했다.[5]

5) 단체장의 낙하산 · 정실 · 보은 인사 견제를 위한 지방의회 인사청문회 도입 노력

1991년, 지방의회 부활 이후 단체장의 인사권 남용과 정실 · 보은 인사 등으로 인한 문제를 제기하는 사회적 비판의 목소리가 증가하고 있으며, 이를 효과적으로 통제할 지방의회 차원의 제도적 장치가 필요하다는 목소리가 많았다.

단체장의 인사권을 효과적으로 통제하는 한편, 지방정부 산하기관장으로 높은 도덕성과 전문성을 갖춘 유능한 인재를 등용하기 위해 지방의회 차원의 인사청문회 도입 필요성이 꾸준히 제기되어 온 것이다. 즉 지방자치단체에서도 부단체장 등 일부 고위직과 지방공사 · 공단, 지방출자 · 출연기관과 같은 산하기관장에 대한 단체장의 인사권 견제, 합리적이고 투명한 인사 운용, 후보자 임용의 정당성 부여, 주민 참여 및 권리 향상 등을 위해 인사청문회 제도 도입이 논의되어 왔다.[6]

2003년 전라북도의회를 비롯한 광주광역시의회 등 일부 광역의회는 해당 지방자치단체의 조례를 제정해 인사청문회 제도 도입을 시도했다. 그러나 관련 지역 단체장은 이 조례에 대해 무효확인소송을 대법원에 제기했다. 대법원은 '지방자치법 등 관련 법령의 근거 없이 조례로 단체장의 임명권을 제한하는 것은 지방의회가 사전에 적극적으로 단체장의 인사권에 개입하여 그 권한을 침해하는 것'이라는 이유로 무효판결을 내렸다. 그 결과 자치법규인 조례로 인사청문회를 도입하는 것은 좌절되었다.

그러나 지방의회는 이에 머물지 않고 단체장과 지방의회 간 협약 체결

---

5) 정일섭. (2003). 인사청문회제도에 대한 연구. 한국지방자치학회보, 15(3): 191 – 208.
6) 임영덕 · 신가은. (2012). 지방의회 인사청문회에 관한 법적 고찰. 법과사회, (43): 357 – 384.

등 우회적인 방법을 통해 다양한 형태의 인사청문회를 자체적으로 도입해 운영하고 있다. 예를 들면 인천·대전 등은 의회 예규(지침) 제정 후 이를 근거로 한 '인사(청문)간담회'를, 경기·광주·전남·대구·울산 등은 단체장과 의회 간의 협약을 통한 인사청문회를, 서울·충남은 사후검증 도입 등이 그것이다. 제주도의 경우 일부 고위직에 대해 제주특별법과 조례에 근거한 인사청문회가 운영 중에 있다.

이렇듯 법률 또는 조례가 아닌 협약, 대외적 효력이 없는 의회예규를 근거로 운영되는 곳이 많다 보니 지방의회의 인사청문회는 법적근거와 운영 측면에서 여러 한계점을 보이고 있는 것이 현실이다. 그럼에도 불구하고 단체장과 지방의회 간 원만한 합의의 과정을 거쳐 법적 근거가 부재한 상황에서도 자체 필요에 의한 새로운 제도를 도입해 운영 중이라는 측면에서 매우 의미있는 일이라 할 수 있다.

02

인사청문회에 대한 이해

02
인사청문회에 대한 이해

1. 청문의 개념

『두산백과』에 따르면, '청문(聽聞, hearing)'이란, 일반적으로 어떤 사항에 대해 결론을 짓기 위하여 행정기관이 규칙제정이나 행정처분 또는 재결(裁決) 등을 행하는데 그 필요성·타당성을 판단하기 위하여 상대방·이해관계인·증인·감정인 등의 변명이나 의견 등을 청취하고 증거를 제출하게 함으로써 사실을 조사하는 절차이다.

행정절차법은 "청문"을 행정청이 어떠한 처분을 하기 전에 당사자 등의 의견을 직접 듣고 증거를 조사하는 절차로 정의하고 있다(제2조 제5호). 이외에도 일반적으로 어떤 사항에 대해 결론을 짓기 위한 중간과정으로서 이해관계인으로부터 의견을 듣거나 증거가 제출되는 절차, 혹은 어느 정도 일정한 형식을 가지고 일반에게 공개되며, 지정된 사항에 대해 증인이 증언하고 증거가 제출되는 일련의 절차 등으로 정의하기도 한다.[1]

청문은 영·미법의 '적법절차의 원리'에서 유래한 헌법적인 원리다.[2] 영

---

1) 전원배. (1997). 미국의 청문회제도와 그 시사점, 국회입법조사실 현안분석, 제143호.
2) Gellhorn, Ernest & Boyer, Berry B. (1981). Administration Law and process. 2nd edition, St. Paul. Minnesota West Publishing Co.

국법의 '자연적 정의(natural justice)'의 원칙과 미국법의 '적정한 법의 절차(due process of law)'를 근거로 한다. 특히 영국은 대헌장(Magna Carta)에 근거하여 사법적 청문제도를 운영한다. 대헌장 제39조는 '자유인은 합법적 재판에 의하거나 나라의 법에 의하지 아니하고 체포, 감금당하거나 혹은 소유지를 박탈당하거나 추방하거나 기타 어떠한 방법에 의해서도 침해당하는 일이 없다.'고 규정하고 있다. 정의 원칙에 입각하여 어떠한 국가적 행위에 의해 불이익을 받게 되는 사람은 사전에 청문을 받을 권리가 있으며, 그 청문은 편견이 없는 공정한 것이 아니면 안 된다는 것이다.[3] 청문제도는 정부의 의사 결정 및 집행 과정에 있어서 국민의 기본적 권리를 보호하고 행정의 투명성과 신뢰성을 확보하고자 하는 노력을 의무화하였다는 점에서 국민의 권익 향상에 매우 중요한 제도라고 할 수 있다.

의회에서 실시하는 청문제도는 조직화된 의견청취 회의의 형태로 활용된다. 주로 의안의 심사, 특정한 사건의 진상 조사 또는 행정부에 대한 감독을 위해 의회가 어떠한 결정을 내리기 전에 그 판단의 기초가 되는 자료나 정보를 입수하기 위해 증인 등을 출석시켜 증언을 청취하는 회의이다.[4] 의회 청문회는 ① 입법기능, ② 감독기능, ③ 여론의 수렴을 통한 정치통합 기능 ④ 주민의 알 권리 충족을 위한 정보제공의 기능을 하며, 의회의 고유 권한인 예산안 심의권, 의안심사권, 행정조사 및 감사권 등의 권한과 긴밀히 연계된다.[5]

---

3) 김성준. (2004). 지방정부의 인사청문회 도입에 관한 연구. 한국비교정부학보, 8(2): 119 – 140.
4) 정일섭. (2003). 인사청문회제도에 대한 연구. 한국지방자치학회보, 15(3): 191 – 208.
5) 류춘호. (2018). 지방의회의 인사청문회 도입 논리와 전략. 한국정책학회 추계학술발표논문집, 2018, 120 – 176.

2. 인사청문회의 유래와 개념

청문제도는 영국에서 기원되었으나, 청문회의 도입과 운영은 오히려 미국에서 더 활발하게 이루어져 왔다.[6] 미국의 인사청문회[7]는 1787년 헌법제정의회에서 대통령이 지명한 공직후보자를 연방 상원의 인준을 거쳐 임명하도록 규정한 것을 계기로 시작되었으며, 현재까지 의회의 공직후보자에 대한 인사검증 절차로서 확고하게 자리잡아오고 있다.[8]

일반적으로 '인사청문회'는 의회가 헌법기관이나 이에 준하는 주요 국가공직을 임명하기 전에 공직후보자의 자질과 업무적합성 등을 검증할 목적으로 후보자를 국회에 출석시켜 질의와 답변 및 진술 등을 듣는 청문회를 의미한다.[9] 하지만, 이 책에서 인사청문회는 보다 넓은 의미에서 그주체로 지방의회를 포함하고, 사전검증뿐만 아니라 사후에 검증하는 경우도 포함하는 것으로 본다. 왜냐하면 상위법에 근거 없이 사전 검증형태를 조례로서 규정하는 것은 상위법에 위배된다는 대법원의 판결로 인해 현재지방의회에서 사후 검증하는 형태의 우회적인 방식의 인사청문회를 운영해오고 있는 경우를 포함하기 위해서이다.

---

6) 정일섭. (2003). 인사청문회제도에 대한 연구. 한국지방자치학회보, 15(3): 191 – 208.
7) 미국의 인사청문회 절차와 운영에 관한 자세한 사항은 Tong(2008) 또는 전충렬 · 김판석(2014)의 연구를 참조하기 바란다.
8) 권건보 · 김지훈. (2012). 인사청문회제도에 대한 비교법적 고찰, 한국법제연구원 현안분석, 2012 – 17.
9) 전진영 · 김선화 · 이현출. (2009). 국회 인사청문회제도의 현황과 개선방안, 국회입법조사처 현안보고서, 제45호.

3. 인사청문회의 기능과 필요성

일반적으로 인사청문회의 주요기능은 다음과 같다.[10] 첫째, 고위 공직
후보자가 해당 직위에 적합한 인물인지를 사전에 검증하는 절차를 거치도
록 함으로써 임명의 정당성을 부여하고, 공직후보자에게 국민적 신뢰와
민주적 정당성을 제고해 준다. 후보자의 능력과 자질에 대해 공개적이고
다차원적인 검증 과정을 거쳤다는 것 자체가 국민들로부터 신뢰와 지지를
얻을 수 있는 기반이 될 수 있다. 둘째, 고위공직자 임명 전에 국민의 대
표기관인 의회가 미리 자질과 능력을 검증하는 과정에서 대통령이나 사법
부를 견제하는 역할을 담당함으로써 헌법상 권력분립 원칙을 실현한다.
인사권 행사에 있어서 인사청문회는 그 자체가 대통령과 의회 간의 권력
분점이자 견제와 균형의 원리가 투영된 제도라 할 수 있다. 셋째, 인사청
문 과정에서 공직자의 능력과 함께 재산형성 과정이나 납세실적, 병역사
항 등과 같은 도덕성을 검증함으로써 직무적합성과 청렴성을 동시에 확보
할 수 있다. 이를 통해 부패혐의자가 공직에 임용될 가능성을 사전에 차
단하고 공직기강을 확립하는 기능도 수행한다. 마지막으로 인사청문 과정
을 공개함으로써 고위공직자 임명과 관련된 정보를 대중들에게 제공하고
국민의 알 권리를 충족시키는 기능을 수행한다.

지방의회 차원의 인사청문회도 이와 동일한 맥락에서 이해될 수 있다.
단체장의 인사권을 지방의회가 견제하고 양자 간의 권력균형을 이루고자
하는 것으로 그 기능과 필요성은 다음과 같다.[11] 첫째, 단체장의 인사전
횡으로 인한 문제를 사전에 억제함으로써 단체장과 지방의회 간의 견제와

---

10) 권건보·김지훈. (2012). 인사청문회제도에 대한 비교법적 고찰. 한국법제연구원 현
　　안분석, 2012－17.
11) 원구환. (2014). 지방공기업 인사청문회 도입 방안에 관한 연구. 서울특별시의회 입
　　법&정책, 8: 19－4. 및 임영덕·신가은. (2012). 지방의회 인사청문회에 관한 법적
　　고찰. 법과사회, (43): 357－384.

균형이라는 목적을 달성하기 위한 제도적 보완 장치가 된다. 둘째, 지방정부의 고위직과 산하기관장 등에 대한 합리적 인사를 통해 행정의 신뢰도를 향상시킬 수 있다. 특히 산하기관장에 대한 청문회는 후보자의 능력과 자질을 사전에 검증할 수 있게 되어 지방공기업의 경영합리화는 물론 지방자치단체의 재정 건전성 강화에도 기여할 것으로 기대된다.12) 셋째, 인사청문회를 통해 후보자에 대한 임용의 정당성을 확보할 수 있다. 주민의 대표기관인 지방의회가 후보자의 자질과 능력, 도덕성 등을 공개적으로 검증한 후 추인해 줌으로써 임명의 정당성을 확보하고 조직 내 리더십을 발휘하기에도 용이해질 수 있다. 넷째, 임용과정을 투명하게 공개하고 검증하는 과정에서 주민의 참여유도와 권리향상에도 기여할 수 있다.

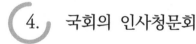

4. 국회의 인사청문회

인사청문회를 법으로 수용하기 이전에는 대통령의 고위공직자 임명에 대한 인사검증과 관련된 법령이 별도로 존재하지 않았다. 고위공직자를 임명하는 데 있어 어떠한 법적·제도적 견제장치 없이 대통령의 자의적인 판단과 고려에 의해 관행적으로 임명돼 왔다. 고위공직에 적합한 전문성이나 능력보다는 학연·지연 또는 정치적 관계에 입각한 인사들이 임명되어 왔고, 도덕성 검증도 이뤄지지 못했다.13) 그 결과, 고위공직자에 대한 대통령의 자의적인 인사권 행사를 국회 차원에서 견제하기 위한 인사청문회 제도 도입의 필요성이 지속적으로 제기되었다.

12) 이용우. (2012). 지방공기업사장 등의 인사청문회제도의 필요성과 도입방안. 한국의회학회보, 창간호: 121 – 144.
13) 김일환·장인호. (2010). 미국 연방헌법상 인사청문회제도. 미국헌법연구, 21(3): 209 – 214.

2000년 2월 16일, 국회법 개정을 통해 공식적으로 인사청문회 제도가 도입되었다. 헌법에 따라 국회의 임명동의를 요하는 대법원장, 헌법재판소장, 국무총리, 감사원장, 대법관과 국회에서 선출하는 헌법재판소 재판관, 중앙선거관리위원회 위원에 대한 선출안 등을 심사하기 위해 인사청문특별위원회 규정을 국회법에 신설한 것이다. 같은 해 6월 23일에는 인사청문회법을 제정함으로써 인사청문회 제도가 본격적으로 실시되었다. 이후 공직자에 대한 사전검증의 절차를 강화하기 위해 여러 차례 관련 법률의 개정이 이루어져 왔으며, 인사청문의 대상도 점차적으로 증가해 왔다.

현재 국회의 인사청문 대상 고위공직자는 인사청문특별위원회 23명, 소관 상임위원회 34~38명(특임장관 등의 여부에 따라 차이 발생) 등 총 57명에서 61명에 이른다.14) 우리나라 국회는 인사청문특별위원회와 상임위원회에서 실시하는 인사청문회로 구분되어 이원적으로 운영하고 있다. 그러나 그 대상과 위원 구성 등 일부를 제외하고는 운영이나 절차적 측면에서는 큰 차이가 없다. 양자의 주요 내용을 정리하면 <표 2-1>과 같다.

표 2-1 국회 인사청문특별위원회와 상임위원회의 인사청문회 주요 내용

구 분	인사청문 특별위원회	상임위원회 인사청문회
기 능	• 인사청문 실시 후 임명동의안 찬반의결	• 인사청문 실시 후 대통령에게 청문결과 통보
근 거	• 국회법 제46조의3, 인사청문회법	• 국회법 제65조의2, 인사청문회법
청문대상	• 국회 동의대상(대법원장, 헌법재판소장, 국무총리, 감사원장, 대법관) • 국회 선출대상(헌법재판소 재판관, 중앙선거관리위원회 위원)	• 대통령이 임명하는 헌법재판소 재판관·중앙선거관리위원회 위원·국무위원 • 이외 주요기관장(국가정보원장, 검찰총장, 국세청장, 경찰청장 등)

---

14) 정시구. (2014). 한국의 인사청문회에 대한 연구. 한국공공관리학보, 28(4): 91-116.

청문처리 방식	• 인사청문 특위에서 실시한 결과 (임명동의안)를 본회의에서 과반수 이상 출석, 출석의원 과반수의 찬 성으로 처리	• 소관 상임위원회가 청문회 실시 후 내정자의 적격 여부에 대한 의 견을 담은 경과보고서를 대통령에 게 송부

자료: 이용우(2012: 126)에서 일부 수정 및 보완.

03

지방의회 인사청문회 도입
찬반 논쟁과 제도화 과정

03

지방의회 인사청문회 도입
찬반 논쟁과 제도화 과정

1. 찬반 논쟁

1) 찬성론

지방의회 인사청문 제도를 찬성하는 입장은 인사청문 제도를 통해 지방
정부의 역량이 강화될 수 있다는 점, 인사권자에 대한 견제장치를 강화한
다는 점, 국민의 알 권리 및 투명성을 제고하고 사회 전반에 걸친 도덕성
을 강화한다는 점을 근거로 제시하고 있다.[1] 이를 보다 구체적으로 살펴
보면 다음과 같다.

첫째, 인사청문 제도를 통해 기관의 비전과 특성에 부합하는 적격자를
찾을 수 있다. 임명 후보자가 고위직으로서 지녀야 할 소양을 갖추었는지
미리 확인하여 기관 운영상의 전문성과 효율성을 높이고, 궁극적으로는
지방정부의 역량을 강화하는 데 기여할 수 있다.

둘째, 인사청문 제도는 인사권자에 대한 견제장치로 기능할 수 있다.
전통적으로 고위 공직자 임명은 정실인사의 성격이 강했다. 정실인사는
임명권자와 뜻을 같이하는 사람을 임명함으로써 주요 정책을 효율적으로

---

1) 윤원수. (2018). 지방자치단체 공공기관장 인사검증에 관한 연구: 제주특별자치도 인
   사청문회를 중심으로. 국정관리연구, 13(1): 211－233.

운영할 수 있다는 장점이 있다. 동시에 능력이 부족한 사람을 임명함으로
써 폐해가 발생하고, 이에 대한 책임을 물어 빈번한 인사교체가 이뤄질
경우 지방정부 운영 자체에 대한 국민적 불신을 야기할 수 있다. 인사청
문회 제도는 지나친 정실인사로 인한 폐해를 방지하고 해당 직위에 적정
한 능력과 소양을 갖춘 사람을 임명할 수 있는 견제장치로서의 역할을 수
행한다.

셋째, 인사청문회 과정은 기본적으로 공개가 원칙이다. 국민은 공직후
보자의 검증 과정을 확인할 수 있다. 공직후보자의 자격과 전문성, 개인적
인 도덕성 등을 공개적으로 검증함으로써 국민의 알 권리와 고위 공직자
임명 과정의 투명성이 제고된다.

넷째, 사회 전반에 걸친 도덕성이 강화된다. 인사청문회는 기본적으로
후보자의 능력과 자질의 적합성을 검증하는 자리이지만, 후보자의 도덕성
을 이슈화하여 국민의 관심을 유도할 수 있다. 도덕성 검증과정을 통해
사회전반의 분위기를 바꿀 수 있다. 음주운전, 위장전입, 위법한 재산 증
식, 전과 등 부패하고 위법적인 모습을 지양하고 높은 도덕성을 요구하는
사회 분위기로의 변화를 이끌어냄과 동시에, 예비 고위 공직후보자들에게
는 일종의 학습효과를 제공할 수 있다.

2) 반대론

지방의회 인사청문 제도를 반대하는 입장은 관련 상위법령의 부재, 기
존 제도 활용을 통한 인사검증 기능의 확보 가능, 의회 권력의 비대화 가
능성 등을 근거로 제시하고 있다.[2]

첫째, 현재 지방의회 차원에서 인사청문 제도를 도입할 수 있는 근거가
될 수 있는 상위법령이 부재한 상황에서 조례로 단체장의 임명권을 제약
할 수 없다.

---

2) 원구환. (2014). 지방공기업 인사청문회 도입 방안에 관한 연구. 서울특별시의회 입
   법&정책, 8: 19−4. 및 행정안전부 질의회신 자료.

둘째, 지방의원의 경우 면책특권이 없어 인사청문 과정에서 면책 범위에 대한 논쟁이 발생할 수 있으며, 국가공기업도 인사청문회를 실시하지 않고 있는 상황에서 지방의회가 지방공기업 등에 대한 인사청문회를 주도함으로써 지방의회 권력의 비대화를 초래할 수 있다.

셋째, 임원추천위원회를 활용하는 기존 제도로도 지방공기업 사장 등에 대한 충분한 인사검증이 가능하다. 현재 지방자치단체의 장은 사장과 감사를 임명할 경우 임원추천위원회가 추천한 사람 중에서 임명하여야 한다(지방공기업법 제58조 제3항). 임원추천위원회는 공개모집에 응모한 사람 중에서 특별한 사유가 없는 한 두 사람 이상을 추천하여야 한다(지방공기업법 시행령 제56조의4). 임원추천위원회는 지방자치단체의 장이 추천하는 사람 2명, 의회가 추천하는 사람 3명, 공사의 이사회가 추천하는 사람 2명으로 구성한다(지방공기업법 시행령 제56조의3 제1항). 이 과정에서 지방의회와 단체장 사이의 견제와 균형을 이루도록 하고 있으며, 지방의회에 의한 인사검증 또한 가능하다는 것이다.

한편, 지방의회 인사청문회 제도 도입을 위한 지방공기업법 일부개정법률안(최춘식의원 대표발의)의 국회(행정안전위원회) 검토보고서에 따르면, 행정안전부는 "지방공기업 기관장 임명의 투명성·공정성 강화를 위한 인사청문회 도입에는 찬성하지만, 인사청문을 운영하는 경우 임원추천위원회 절차는 생략할 수 있도록 할 필요가 있다는 입장"이다.

2. 제도화 과정

　지방의회 차원에서 단체장이 임명하는 고위직이나 산하기관장 등을 대상으로 하는 인사청문회 제도를 도입하려는 노력은 계속되고 있다. 단체장의 자의적인 판단이나 정실·보은인사 등 인사권 오·남용을 방지하고 도덕성과 전문성을 겸비한 유능한 인재를 채용하기 위한 것이다. 특히 산하기관장의 경우, 부적격 인사의 임명으로 지방공기업의 방만 경영과 경영적자가 크게 발생하는 등 지속적으로 사회적 물의를 일으킨다는 점에서 그 필요성이 커지고 있다.3) 이러한 이유로 지방의회에서도 국회의 인사청문회와 유사한 제도를 도입하려는 시도가 계속되어 왔으며, 전라북도의회가 그 시발점이 되었다.

　전라북도의회는 2003년 7월 25일, 제196회 정례회에서 「전라북도 공기업사장 등의 임명에 관한 인사청문회 조례안」을 의결하여 도지사에게 이송했다. 조례안의 주요 내용은 다음과 같다. 1) 지방공기업 및 출자·출연한 법인의 대표를 대상으로 한다. 2) 인사청문특별위원회의 인사 청문을 통해 그 대표의 인품 및 도덕성과 경영능력 등을 검증한 후에 임명 또는 승인, 선임하도록 한다. 3) 인사청문을 마친 후 인사청문 심사경과보고서를 작성하여 의장에게 제출하고, 의장은 도지사에게 송부토록 한다. 조례안에 대해 전라북도지사는 법령에 위반된다는 이유로 재의를 요구했고, 도의회는 원안대로 재의결해 조례안을 공포했으나, 대법원에서 무효판결을 받아 그 첫 번째 시도는 좌절되었다. 당시 대법원은 단체장으로 하여금 지방자치단체가 설립한 지방공기업 등의 대표에 대한 임명권의 행사에 앞서 지방의회의 인사청문을 거치도록 한 조례는 단체장의 임명권에 대한 견제나 제약에 해당하므로 법령에 위반된다고 판시했다(대법원 2004. 7.

---

3) 이용우. (2012). 지방공기업사장 등의 인사청문회제도의 필요성과 도입방안. 한국의회학회보 창간호: 121－144.

22. 선고 2003추44).

2010년 9월에는 전국시·도의회의장협의회가 정부와 국회 등에 관련법을 개정하도록 '지방 공기업사장 인사청문회 도입을 위한 지방공기업법 개정 건의안'을 제출하였다.[4]

전체 지방의회 차원에서 인사청문회 제도 도입을 위한 시도가 이루어진 가운데 광주광역시의회가 2012년 4월 30일, 「광주광역시 지방공기업 사장 등에 대한 인사검증 공청회 운영 조례안」을 의결했다. 조례안의 주요내용은 다음과 같다. 1) 지방공기업 사장 등으로서 임원추천위원회에서 후보자로 결정된 사람을 대상으로 한다. 2) 인사검증위원회는 시의원 4명, 시민단체 추천 3명, 총 7명으로 구성한다. 3) 후보자의 직업, 학력, 경력, 병역신고, 재산신고, 최근 5년간 소득세·재산세·종합토지세 납부 및 체납 실적, 범죄경력에 관한 사항을 포함한 서류를 제출토록 의무화하였다. 4) 회의는 공개하도록 한다. 조례안에 대해 시장은 상위법령 위반을 이유로 대법원에 제소했고, 대법원은 전라북도 조례의 경우와 비슷한 이유를 들어 또 다시 무효판결을 했다. 당시 대법원은 인사검증위원회가 사장 등 후보자에 관한 공청회를 거쳐 경과보고서에 기재하고, 임원추천위원회의 위원장이 단체장에게 후보를 추천하면서 위 경과보고서를 첨부하도록 하는 것은 지방의회가 단체장의 전속적 권한인 지방공기업 사장 등에 대한 임명권의 행사에 사실상 관여하거나 개입하는 것이 된다는 점에서 단체장의 위임명권 행사에 대하여 상위 법령에서 허용하지 아니한 견제나 제약을 가한 것에 해당한다고 봄이 상당하다고 판시했다(대법원 2013. 9. 27, 선고 2012추169).

인사청문회 도입을 위한 지방의회의 시도는 국회 차원에서 관련법률 개정을 위한 노력으로 이어졌다. 서울특별시의회 의장 출신으로 제18대 국회의원으로 당선된 임동규 의원의 대표발의로 시·도지사가 정무직 또는 별

---

4) 이삼순. (2013). 지방의회 인사청문회제도 도입방안. 자치발전, 2013(4): 118-123.

정직 공무원으로 보하는 부시장·부지사를 임명하거나 제청하려는 때에는 시·도의회가 주관하는 인사청문회를 거치도록 하는 지방자치법 개정안이 발의되었다. 이후 이와 유사한 내용을 담은 지방공기업법, 지방의회법안, 지방출자·출연법 등이 발의되었으나 소관 상임위 차원의 본격적인 논의조차 없이 임기만료로 모두 폐기되었다. 최근 국회에서도 이와 관련한 법률 개정안 등이 발의되고는 있으나 진척된 결과를 내놓지 못하고 있다.

한편, 지방자치법과 지방공기업법의 주무관청인 행정안전부도 매우 부정적인 입장을 제시하였다. 지방공기업의 사장을 임명함에 있어 법령에 의하지 않고 조례로써 인사청문회를 거치도록 규정하는 것은 현행 지방공기업법령에 위배된다는 것이다. 행정안전부는 지방공기업 사장 등의 임명권 행사에 있어서 지방의회가 실시하는 인사청문회 도입은 관련법령의 개정이 선행되어야 한다는 입장을 견지하고 있다. 2022년 1월 13일 시행된 지방자치법 전부개정안에서도 지방의회의 인사청문에 관한 내용은 반영되지 않았다.

지방의회 조례 제정 시도에 대한 대법원의 무효 판결, 국회 법률개정 노력의 좌절, 주무관청의 부정적 태도 등에 따라 현재 지방의회 인사청문제도는 우회적인 방식으로 도입·운영되고 있다. 주로 조례가 아닌 단체장과 지방의회 간의 협약이나 의회 예규(지침)를 근거로 인사청문회 제도를 시행하거나, 조례 제정의 경우에도 단체장 임명 후 사후 검증하는 형태의 '경영능력보고서' 채택의 방식을 취하고 있다. 사전검증 형태의 인사청문회 도입을 조례로 규율하는 것은 상위법에 위배된다는 대법원의 판단을 존중한 것이라 볼 수 있다.

다만, 제주특별자치도의회는 「제주특별자치도 설치 및 국제자유도시 조성을 위한 특별법」 제44조의 규정에 따라 별정직 부지사와 감사위원장에 대해서 국회와 유사하게 인사청문회를 시행하고 있다. 특별법은 인사청문회에 관해 필요한 세부적인 사항은 조례로 정하도록 하고 있어 현재는 「제주특별자치도의회 인사청문회 조례」를 제정·시행하고 있다. 특히, 민선 6기

원희룡 지사 취임 이후 상위법령에 근거는 없으나 도의회와의 원만한 합의를 거쳐 인사청문 대상을 제주시장과 서귀포시장을 비롯한 산하공기업 사장까지 확대하였다.

3. 대법원 판례[5]

지방의회 인사청문회와 관련하여 전라북도의회 1건, 광주광역시의회 2건, 서울시의회 1건 등 총 4건의 대법원 판례가 존재한다. 대법원 판례를 살펴봄으로써 지방의회 인사청문회 도입과 관련된 구체적 쟁점을 확인하고, 향후 제도적 도입을 위한 방안 마련의 방향을 모색할 수 있다.

---

5) 최근 부산광역시의회는 '부산광역시 공공기관의 인사검증 운영에 관한 조례안'을 의결해 시장에게 이송하였으나 시장이 이에 대해 재의요구를 했고, 의회는 재의결함. 이후 시장은 이를 공포하지 않고, 대법원에 제소를 함에 따라 무효확인소송이 진행되고 있음. 동 조례안의 주요 내용은 부산광역시 산하 공공기관장에 대한 직무수행능력과 전문성·도덕성 검증 실시에 필요한 사항을 규정하고 협약에 의한 인사검증의 제도적 한계를 보완하기 위하여 사후적 인사검증 절차 등을 규정하고 있음. 이에 대한 시장의 재의요구 사유는 다음과 같음. ① 「지방공기업」 등 상위법령에서 임명권의 행사에 대해 지방의회에 동의를 받도록 하는 등 견제나 제약을 규정하지 않는 한 당해 법령에 의한 임명권은 지자체장에게 전속적으로 부여된 것으로 보아야 하며, 조례로써는 이를 제약할 수 없음. ② 법률에 위임없이 주민의 자료 제출 요구를 의무적으로 정한 인사검증 조례는 효력이 없음. ③ 인사검증을 위하여 인사검증 대상자의 형사처벌, 행정제재 및 도덕성에 관한 개인정보를 제출하도록 하는 것은 안건심의나 행정사무 조사 및 감사에 한하여 서류를 제출하도록 규정한 「지방자치법」 제48조 제1항 및 제49조 제4항의 허용범위를 벗어난다고 할 수 있음.

1) 전라북도의회의 「공기업 사장 등의 임명에 관한 인사청문회 조례안」6)

(1) 경과와 내용

전라북도의회가 2003년 7월 25일 제196회 정례회에서 전라북도공기업사장등의임명에관한인사청문회조례안을 의결하여 같은 해 7월 28일 전라북도지사에게 이송하였다. 전라북도지사는 같은 해 8월 9일 해당 조례안이 법령에 위반된다는 이유로 전라북도의회에 재의를 요구하였다. 전라북도의회는 같은 해 9월 4일 해당 조례안을 원안대로 재의결하고 전라북도의회의장이 같은 해 9월 16일 공포하였다.

조례안은 전라북도가 설립한 지방공기업 및 출자·출연한 법인의 대표를 전라북도지사가 임명 또는 승인하기 전에 그 대표의 인품 및 도덕성과 경영능력 등을 검증하기 위하여 전라북도의회의 대표 임명에 관한 인사청문특별위원회의 구성·운영과 인사청문회의 절차·운영 등에 관해 필요한 사항을 규정함을 목적으로 제정되었다.

조례안은 전라북도가 설립한 지방공기업 및 출자·출연한 법인체의 인사청문대상자로 재단법인 중소기업종합지원센터 본부장, 재단법인 생물벤처기업지원센터 센터장, 재단법인 니트산업종합지원센터 센터장(조례의 개정으로 한국니트산업연구원 원장으로 됨), 재단법인 전북신용보증재단 이사장, 전북개발공사 사장, 지방공사 전라북도의료원 원장(군산, 남원), 전라북도장학숙 원장(전주, 서울), 전라북도운수연수원 원장, 재단법인 여성개발연구원(조례의 개정으로 여성발전연구원으로 됨) 원장, 재단법인 전북경제사회연구원(조례의 개정으로 전북경제사회발전연구원으로 됨) 원장을 규정하였다(제2조 및 <별표 1>).

조례안은 임명후보자에 대하여는 인사청문특별위원회 청문을 거쳐 임명 또는 승인 및 선임하여야 하고(제4조), 인사청문특별위원회가 인사청문

6) 대법원, 2003추44, 2004. 7. 22.

을 마친 후 인사청문심사경과보고서를 작성하여 의장에게 제출하면 의장
은 도지사에게 이를 이송 또는 송부하여야 한다(제10조 내지 제12조)는 것
을 주요 내용으로 하고 있다.

(2) 조례안에 대한 판단

판례는 인사청문대상자를 세 유형으로 구분하여 각각에 대한 판단을 제
시하고 있다.

가. 전북개발공사 사장, 지방공사 전라북도의료원(군산, 남원) 각 원장

상위법령에서 지방자치단체의 장에게 기관구성원 임명·위촉권한을 부
여하면서도 임명·위촉권의 행사에 대한 지방의회의 동의를 받도록 하는
등의 견제나 제약을 규정하고 있거나 그러한 제약을 조례 등에서 할 수
있다고 규정하고 있지 아니하는 한 당해 법령에 의한 임명·위촉권은 지
방자치단체의 장에게 전속적으로 부여된 것이라고 보아야 할 것이어서 하
위법규인 조례로써는 지방자치단체의 장의 임명·위촉권을 제약할 수 없
다 할 것이고 지방의회의 지방자치단체 사무에 대한 비판, 감시, 통제를
위한 행정사무감사 및 조사권의 행사의 일환으로 위와 같은 제약을 규정
하는 조례를 제정할 수도 없다고 할 것이다(대법원 1993. 2. 9. 선고 92추93
판결 참조).

지방공기업법(제58조)은 지방공기업 사장과 감사는 대통령령이 정하는
바에 의하여 지방공기업의 경영에 관한 전문적인 식견과 능력이 있는 자
중에서 지방자치단체의 장이 임면하고, 지방자치단체의 장이 사장을 임명
할 때는 사장추천위원회에서 추천된 자 중에서 임명하여야 하며, 사장추
천위원회의 구성과 운영에 관하여는 대통령령이 정하는 기준에 따라 당해
지방자치단체의 조례로 정한다고 규정하고 있다.

지방공기업법시행령(제56조)은 먼저, 사장은 사장추천위원회에서 추천
한 인사 중에서 당해 지방자치단체의 장이 임명한다고 규정하고, 사장추

천위원회는 그 지방자치단체의 장이 추천하는 자 2인, 그 지방의회가 추천하는 자 2인, 그 공사의 이사회가 추천하는 자 3인으로 구성하며, 사장추천위원회는 공기업에 관한 학식과 경험이 풍부하고 최고경영자의 능력을 갖춘 자를 사장후보로 추천하여야 한다고 규정하고 있다. 다음으로 사장추천위원회는 사장후보를 추천하고자 하는 때에는 특별한 사유가 없는 한 2인 이상을 추천하여야 한다고 규정하고, 지방자치단체의 장은 추천된 후보가 임원의 결격사유에 해당하거나 공사의 경영을 위하여 현저하게 부적당하다고 인정되는 때에는 사장추천위원회에 사장후보의 재추천을 요구할 수 있으며, 이 경우 사장추천위원회는 지체 없이 사장후보를 재추천하여야 한다고 규정하고 있다.

지방공기업법령은 지방자치단체의 장에게 지방공기업 사장에 대한 임명권을 부여하는 한편, 사장추천위원회에서 추천된 인사 중에서 지방공기업의 경영에 관한 전문적인 식견과 능력이 있는 자를 임명하도록 하는 제한과 사장추천위원회를 당해 지방자치단체의 장이 추천하는 자 2인, 그 지방의회가 추천하는 자 2인, 그 공사의 이사회가 추천하는 자 3인으로 구성하도록 하는 제한을 둠으로써 지방공기업 사장의 임명에 있어서 지방자치단체의 장과 지방의회와의 사이에 견제와 균형을 이루도록 하고 있을 뿐 달리 지방자치단체의 장의 지방공기업 사장의 임명권행사에 대한 제약을 할 수 있는 규정을 두고 있지 않으므로 지방공기업법(제58조 제2항)은 지방자치단체의 장에게 일정한 제한 하에서 전속적으로 지방공기업 사장에 대한 임명권을 부여하였다 할 것이다.

전북개발공사는 전라북도가 출자하여 설립된 지방공기업이고, 지방공사 전라북도의료원(군산, 남원)은 전라북도가 전액 출자하여 설립된 지방공기업이다. 지방공기업법 및 지방공기업법시행령의 위임을 받은 전라북도지방공사사장추천위원회설치및운영조례도 지방공사사장추천위원회의 구성과 사장후보의 추천절차에 관하여 지방공기업법시행령과 같은 내용을 규정하고 있는 사실을 인정할 수 있고 반증이 없다.

위에서 본 법리와 관계 법령의 각 규정을 위에서 인정한 사실관계에 비추어 살펴보면, 전라북도지사의 전속적 권한인 지방공기업 사장인 전북개발공사 사장과 지방공사 전라북도의료원(군산, 남원) 각 원장에 대한 임명권의 행사에 앞서 미리 전라북도의회의 인사청문회를 거치도록 한 조례안의 관계 규정은 비록 전라북도지사가 인사청문회를 실시하고 제시한 전라북도의회의 후보자들에 대한 의견에 기속되는 것은 아니라고 하더라도 위 사장과 위 각 원장에 대한 행정적 감독책임을 궁극적으로 전라북도지사 지게 되는 것임에 비추어 볼 때 전라북도지사의 위 사장과 위 각 원장에 대한 임명권에 대한 견제나 제약에 해당한다고 할 것이어서 지방공기업법 및 지방공기업법시행령에 위반되고, 따라서 지방자치법 제15조에도 위반된다고 할 것이다.

나. 재단법인 전북신용보증재단 이사장, 재단법인 중소기업종합지원센터 본부장, 재단법인 한국니트산업연구원 원장, 재단법인 전라북도생물벤처기업 지원센터 센터장, 재단법인 전라북도여성발전연구원 원장

(1) 재단법인 전북신용보증재단 이사장

지역신용보증재단법(제12조 및 제15조)은 지역신용보증재단의 임원으로 이사장 1인, 이사 7인 이내와 감사 1인을 둔다고 규정하고, 이사장은 이사회의 추천을 받아 시·도지사가 임명한다고 규정하여 지역신용보증재단 이사장의 임명권을 시·도지사에게 부여하면서도 달리 시·도지사의 임명권행사에 대한 견제나 제약을 할 수 있는 규정을 두고 있지 아니하므로 지역신용보증재단법은 시·도지사에게 전속적으로 지역신용보증재단 이사장에 대한 임명권을 부여하였다 할 것이다.

재단법인 전북신용보증재단은 지역신용보증재단법(제7조 및 제9조) 및 전북신용보증재단설립및지원에관한조례에 의하여 설립된 전라북도의 출연법인으로서 이사장은 이사회의 추천을 받아 도지사가 임명한다고 되어 있는 사실을 인정할 수 있고 반증이 없다.

앞서 살펴본 지방공기업법 및 지방공기업법시행령의 각 규정을 위에서 인정한 사실관계에 비추어 살펴보면, 전라북도지사의 전속적 권한인 재단법인 전북신용보증재단 이사장에 대한 임명권의 행사에 앞서 미리 전라북도의회의 인사청문회를 거치도록 한 이 사건 조례안의 관계 규정은 전라북도지사의 위 이사장에 대한 임명권에 대한 견제나 제약에 해당한다고 할 것이어서 지역신용보증재단법에 위반되고, 따라서 지방자치법 제15조에도 위반된다고 할 것이다.

(2) 재단법인 전라북도중소기업종합지원센터 본부장

재단법인 전라북도중소기업종합지원센터는 민법(제32조 및 제43조) 및 재단법인전라북도중소기업종합지원센터설립 및 운영조례에 의하여 설립된 전라북도의 출연법인이다. 조례(제6조)는 위 법인에는 이사장·부이사장·이사와 감사를 두고, 임원의 정수 및 선출방법은 정관으로 정하도록 하고 있으며, 재단법인전라북도중소기업종합지원센터정관(제8조)은 이사장은 전라북도 행정부지사를 당연직으로 하고, 부이사장(본부장)은 이사장의 제청으로 이사회에서 선출하도록 규정하고 있는 사실을 인정할 수 있고 반증이 없다.

위에서 인정한 사실에 의하면, 전라북도지사에게는 재단법인 전라북도중소기업종합지원센터 본부장에 대한 임명 또는 승인권한이 없음에도 불구하고, 전라북도지사에게 위 본부장에 대한 임명 또는 승인권한이 있음을 전제로 하여 위 본부장에 대한 인사청문회를 거치도록 하는 이 사건 조례안의 관계 규정은 인사청문대상기관 및 그 대상자가 불명확하고 조례안의 조항 상호 간에 모순 또는 저촉이 있어 그 효력이 없다고 할 것이다.

(3) 재단법인 한국니트산업연구원 원장

재단법인 한국니트산업연구원은 민법(제32조 및 제43조) 및 한국니트산업연구원설립및운영조례에 의하여 설립된 전라북도의 출연법인이다. 조례

(제6조)는 위 법인에는 이사장, 이사와 감사를 두고, 임원의 정수 및 선출 방법을 정관으로 정하도록 하고 있으며, 재단법인한국니트산업연구원정관 (제8조 및 제9조)은 이사장은 선임직 이사 중에서 이사회에서 선임하고, 원장(센터장)은 이사회에서 선임하여 이사장이 임명하도록 규정하고 있는 사실을 인정할 수 있고 반증이 없다.

위에서 인정한 사실에 의하면, 전라북도지사에게는 재단법인 한국니트 산업연구원 원장에 대한 임명 또는 승인권한이 없음에도 불구하고, 전라 북도지사에게 위 원장에 대한 임명 또는 승인권한이 있음을 전제로 하여 위 원장에 대한 인사청문회를 거치도록 하는 이 사건 조례안의 관계 규정 은 인사청문대상기관 및 그 대상자가 불명확하고 조례안의 조항 상호 간 에 모순 또는 저촉이 있어 그 효력이 없다고 할 것이다.

(4) 재단법인 전라북도생물벤처기업지원센터 센터장

재단법인 전라북도생물벤처기업지원센터는 민법(제32조 및 제43조) 및 전라북도생물벤처기업지원센터설립및운영조례에 의하여 설립된 전라북도 의 출연법인이다. 조례(제6조)는 위 법인에는 이사장·이사 및 감사를 두 되, 임원의 정수 및 선출방법은 정관으로 정하도록 하고, 재단법인전라북 도생물벤처기업지원센터정관(제6조 및 제31조)은 이사장은 전라북도 행정 부지사로 하도록 하며, 법인의 사무집행기관으로 센터를 두고, 센터에는 센터장 1인과 부설연구소·행정지원팀·시설지원팀을 두며, 센터장과 연 구소장은 이사장이 임용하고, 센터장과 연구소장은 겸직할 수 있도록 규 정하고 있는 사실을 인정할 수 있고 반증이 없다.

위에서 인정한 사실에 의하면, 전라북도지사에게는 재단법인 전라북도 생물벤처기업지원센터 센터장에 대한 임명 또는 승인권한이 없음에도 불 구하고, 전라북도지사에게 위 센터장에 대한 임명 또는 승인권한이 있음 을 전제로 하여 위 센터장에 대한 인사청문회를 거치도록 하는 이 사건 조례안의 관계 규정은 인사청문대상기관 및 그 대상자가 불명확하고 조례안의 조항 상호간에 모순 또는 저촉이 있어 그 효력이 없다고 할 것이다.

(5) 재단법인 전라북도여성발전연구원 원장

지방자치단체출연연구원의설립및운영에관한법률(제5조 및 제6조)은 지방
자치단체출연연구원의 정관에는 목적, 명칭, 주된 사무소의 소재지, 업무
및 그 집행에 관한 사항, 재산 및 회계에 관한 사항, 임원·연구원 및 직원
에 관한 사항, 이사회에 관한 사항, 정관의 변경에 관한 사항, 공고의 방법
에 관한 사항을 기재하도록 하고, 지방자치단체출연연구원에 이사장 1인
및 원장 1인을 포함한 30인 이내의 이사와 감사 2인을 두도록 하고 있다.

재단법인 전라북도여성발전연구원은 지방자치단체출연연구원의설립및
운영에관한법률(제2조, 제3조, 제4조) 및 전라북도여성발전연구원설립및운
영지원조례에 의하여 설립된 전라북도의 출연법인이다. 전라북도여성발전
연구원정관(제8조)은 이사장은 이사회에서 호선하고, 원장 및 감사는 이사
회의 의결을 거쳐 이사장이 임명하도록 규정하고 있는 사실을 인정할 수
있고 반증이 없다.

위에서 인정한 사실에 의하면, 전라북도지사에게는 전라북도여성발전연
구원 원장에 대한 임명 또는 승인권한이 없음에도 불구하고, 전라북도지
사에게 위 원장의 임명 또는 승인권한이 있음을 전제로 한 이 사건 조례
안의 관계 규정은 인사청문대상기관 및 그 대상자가 불명확하고 조례안의
조항 상호 간에 모순 또는 저촉이 있어 그 효력이 없다고 할 것이다.

다. 전라북도장학숙(전주, 서울) 각 원장, 전라북도운수연수원 원장, 재단법인 전북경제사회발전연구원 원장

전라북도는 전라북도장학숙설치및운영에관한조례에 의하여 전라북도장
학숙(전주, 서울)을 설립하여 각 장학숙의 운영업무를 전라북도의 출연기
관인 재단법인 전라북도꿈나무장학재단에 위탁하고, 그 위탁운영에 필요

한 비용을 보조하고 있으며, 각 장학숙 각 원장은 위 장학재단이 전라북도로부터 위탁받은 위 각 장학숙의 운영업무를 수행하기 위하여 설치한 부속기관이다.

전라북도는 여객자동차운수사업법(제27조), 화물자동차운수사업법(제42조), 그리고 전라북도운수연수원설치조례에 의하여 전라북도운수연수원을 설립하여 조례(제5조)에 의하여 위 연수원의 운영업무를 사단법인 전라북도운수연수원에 위탁하고, 그 위탁에 필요한 비용을 보조하고 있다. 연수원 원장은 위 사단법인의 대표자인 사실, 그리고 재단법인 전북경제사회발전연구원은 민법(제32조 및 제43조)에 의하여 설립된 재단법인으로서 전라북도로부터 업무위탁 없이 전라북도보조금관리조례에 의하여 보조금을 교부받는 법인인 사실을 인정할 수 있고 반증이 없다.

위에서 인정한 사실에 의하면, 이 사건 조례안은 인사청문대상기관 및 그 대상자를 전라북도가 출자·출연한 법인체의 대표자임을 전제로 하면서도 그 구체적인 인사청문대상기관 및 그 대상자에서는 전라북도가 출자·출연한 법인체가 아닌 전라북도장학숙(전주, 서울) 각 원장, 사단법인 전라북도운수연수원 원장, 재단법인 전북경제사회발전연구원 원장을 포함시키고 있으므로 이 사건 조례안의 관계 규정은 인사청문대상기관 및 그 대상자가 불명확하고 조례안의 조항 상호 간에 모순 또는 저촉이 있어 그 효력이 없다고 할 것이다.

⑶ 판결 결과

지방자치단체의 장으로 하여금 지방자치단체가 설립한 지방공기업 등의 대표에 대한 임명권의 행사에 앞서 지방의회의 인사청문회를 거치도록 한 조례안이 지방자치단체의 장의 임명권에 대한 견제나 제약에 해당한다는 이유로 법령에 위반된다.

상위법령에서 지방자치단체의 장에게 기관구성원 임명·위촉권한을 부여하면서도 임명·위촉권의 행사에 대한 지방의회의 동의를 받도록 하는 등의 견제나 제약을 규정하고 있거나 그러한 제약을 조례 등에서 할 수 있다고 규정하고 있지 아니하는 한 당해 법령에 의한 임명·위촉권은 지방자치단체의 장에게 전속적으로 부여된 것이라고 보아야 할 것이어서 하위법규인 조례로써는 지방자치단체의 장의 임명·위촉권을 제약할 수 없다 할 것이고 지방의회의 지방자치단체 사무에 대한 비판, 감시, 통제를 위한 행정사무감사 및 조사권의 행사의 일환으로 위와 같은 제약을 규정하는 조례를 제정할 수도 없다.

2) 광주광역시의회의 「공기업 사장 등에 대한 인사검증공청회 운영 조례안」[7]

(1) 경과와 내용

2012년 4월 30일, 광주광역시의회의 제207회 임시회에서 '광주광역시 지방공기업 사장 등에 대한 인사검증공청회 운영 조례안'(이하 '이 사건 조례안'이라 한다)을 의결하였고, 안전행정부장관은 같은 해 5월 14일, 광주광역시장에게 '이 사건 조례안 중 지방공기업법 제58조 제3항에서 정하고 있지 않은 인사청문위원회 및 공청절차를 조례로 신설하여 지방자치단체의 장의 인사권을 제약하는 것은 지방공기업법에 위배된다'는 이유로 재의를 요구하였다. 그러나 광주광역시의회는 같은 해 6월 20일, 제208회 임시회에서 이 사건 조례안을 원안 그대로 재의결하였다.

이 사건 조례안은 광주광역시가 지방공기업법에 따라 설립한 공사·공단의 사장 또는 이사장 후보자에 대한 인사검증공청회 실시에 필요한 사항을 규정할 목적으로 제정된 것으로서, 임원추천위원회는 사장 등 후보자를 결정한 후 인사검증공청회를 주관하는 인사검증위원회를 구성하고 인사검증위원회 위원의 정수는 7명으로 하되, 광주광역시의회가 추천하는 광주광역시의원 4명, 시민단체가 추천하는 사람 3명으로 구성하며(제5조),

---

7) 대법원, 2012추169, 2013. 9. 27.

인사검증위원회는 사장 등 후보자가 결정되면 10일 이내에 인사검증공청회를 개최하고 인사검증공청회 경과보고서를 작성하며, 위원장은 인사검증공청회 경과를 임원추천위원회 위원장에게 통보하고, 위 경과보고서에는 대상자별 장단점 등을 기술하되 서열이나 점수는 매기지 아니하며 사장후보의 추천을 제한할 수 없고, 임원추천위원회 위원장은 지방공기업 사장 등의 후보자를 추천할 때 경과보고서를 첨부하여 추천하는 것(제8조 및 제11조) 등을 주요 내용으로 하고 있다.

(2) 조례안에 대한 판단

상위법령에서 지방자치단체의 장에게 기관구성원 임명·위촉권한을 부여하면서도 임명·위촉권의 행사에 지방의회의 동의를 받도록 하는 등의 견제나 제약을 규정하고 있거나 그러한 제약을 조례 등에서 할 수 있다고 규정하고 있지 아니하는 한 당해 법령에 의한 임명·위촉권은 지방자치단체의 장에게 전속적으로 부여된 것이라고 보아야 한다. 따라서 하위법규인 조례로는 지방자치단체의 장의 임명·위촉권을 제약할 수 없고, 지방의회의 지방자치단체 사무에 대한 비판, 감시, 통제를 위한 행정사무감사 및 조사권의 행사의 일환으로 위와 같은 제약을 규정하는 조례를 제정할 수도 없다(대법원 1993. 2. 9. 선고 92추93 판결 참조).

구 지방공기업법(2013. 3. 23. 법률 제11690호로 개정되기 전의 것, 제58조)은 지방공기업 사장은 대통령령이 정하는 바에 의하여 지방공기업의 경영에 관한 전문적인 식견과 능력이 있는 사람 중에서 지방자치단체의 장이 임면한다고 규정하고, 지방자치단체의 장이 사장을 임명할 때는 대통령령으로 정하는 임원추천위원회에서 추천된 사람 중에서 임명하여야 한다고 규정하며, 구 지방공기업법 시행령(2012. 7. 31. 대통령령 제24011호로 개정되기 전의 것, 제56조)은 임원추천위원회는 공사에 두며 그 지방자치단체의 장이 추천하는 사람 2인, 그 지방의회가 추천하는 사람 2인, 그 공사의 이사회가 추천하는 사람 3인으로 구성한다고 규정하고 있다.

지방공기업법령은 지방자치단체의 장에게 지방공기업 사장 등에 대한 임명권을 부여하는 한편, 임원추천위원회에서 추천된 인사 중에서 사장 등을 임명하도록 하는 제한과 임원추천위원회 위원의 구성에 관한 제한을 둠으로써 지방공기업 사장 등의 임명에 있어 지방자치단체의 장과 지방의회 사이에 견제와 균형을 이루도록 하는 외에는 달리 지방자치단체의 장의 지방공기업 사장 등의 임명권 행사를 제약할 수 있는 규정을 두고 있지 아니하므로, 지방공기업법(제58조)은 지방자치단체의 장에게 위에서 본 바와 같은 제한하에 전속적으로 지방공기업 사장 등에 대한 임명권을 부여하였다고 볼 것이다(대법원 2004. 7. 22. 선고 2003추44 판결 참조).

이 사건 사실관계를 위 법리와 관련 법 규정에 비추어 살펴보면, 비록 광주광역시의회가 아닌 임원추천위원회가 구성한 인사검증위원회가 지방공기업 사장 등 후보자에 대한 공청회를 주관하는 것이고, 인사검증위원회가 경과보고서를 작성하면서는 후보자에 관한 서열이나 점수를 매기거나 사장 등 후보의 추천을 제한할 수 없도록 하였으며, 임원추천위원회나 광주광역시장이 위 경과보고서에 기재된 의견에 기속되는 것은 아니라 하더라도, 이 사건 조례로, 광주광역시의회의 의원이 위원의 과반수를 이루는 인사검증위원회가 사장 등 후보자에 관한 공청회를 거쳐 장단점을 경과보고서에 기재하고, 임원추천위원회의 위원장이 지방자치단체의 장에게 후보를 추천하면서 위 경과보고서를 첨부하도록 하는 것은 지방의회가 지방자치단체의 장의 전속적 권한인 지방공기업 사장 등에 대한 임명권의 행사에 사실상 관여하거나 개입하는 것이 된다는 점에서 지방자치단체의 장의 위 임명권 행사에 대하여 상위 법령에서 허용하지 아니한 견제나 제약을 가한 것에 해당한다고 봄이 상당하다. 그렇다면 이 사건 조례안은 지방공기업법(제58조) 및 지방자치법(제22조)에 위배된다고 할 것이다.

(3) 결과

지방공기업법에 따라 설립한 공사·공단의 사장 또는 이사장 후보자에 대한 인사청문위원회 및 공청절차를 신설하는 내용의 조례안이 지방자치단체장의 지방공기업 사장 등에 대한 임명권 행사에 대하여 상위법령에서 허용하지 아니한 견제나 제약을 가하여 구 지방공기업법 등에 위배된다.

상위법령에서 지방자치단체장에게 기관구성원 임명·위촉권한을 부여하면서도 임명·위촉권의 행사에 지방의회의 동의를 받도록 하는 등의 견제나 제약을 규정하고 있거나 그러한 제약을 조례 등에서 할 수 있다고 규정하고 있지 않는 한 당해 법령에 의한 임명·위촉권은 지방자치단체의 장에게 전속적으로 부여된 것이라고 보아야 한다. 따라서 하위법규인 조례로는 지방자치단체장의 임명·위촉권을 제약할 수 없고, 지방의회의 지방자치단체 사무에 대한 비판, 감시, 통제를 위한 행정사무감사 및 조사권 행사의 일환으로 위와 같은 제약을 규정하는 조례를 제정할 수도 없다.

3) 전라북도의회의 「출연기관 등의 장에 대한 인사검증 조례안」8)

(1) 경과와 내용

전라북도의회는 2014년 9월 30일, '전라북도 출연기관 등의 장에 대한 인사검증 조례안'(이하 '이 사건 조례안'이라 한다)을 의결하여 2014년 10월 2일, 전라북도지사에게 이송하였다. 이에 대해 전라북도지사는 행정안전부 장관의 재의 요구 지시에 따라, 2014년 10월 22일, '전라북도지사 임명 출연기관 장 등에 대한 피고의 인사검증을 내용으로 하는 이 사건 조례안이 상위 법령에 반하여 전라북도지사의 인사권한의 행사를 침해한다'는 등의 이유를 들어 전라북도의회에게 재의를 요구하였다. 그러나 전라북도의회는 2014년 11월 25일, 원안대로 재의결함으로써 이 사건 조례안을 확정하였다.

---

8) 대법원, 2014추644, 2017. 12. 13.

이 사건 조례안의 내용은 다음과 같다.

첫째, 이 조례는 전라북도 출연기관 등의 장에 대한 인사검증 실시에 필요한 사항을 규정함으로써, 인사의 투명성과 공정성을 높이고, 출연기관 등의 건실한 경영과 경쟁력 강화에 기여하는 것을 목적으로 한다(제1조).

둘째, 인사검증의 대상자는 '도지사가 임명 또는 추천하는 출연기관 등의 장'과 '도지사나 부지사가 이사장으로 있는 출연기관 등의 장'이다(제4조). 소관 위원회는 인사검증의 대상자가 임명된 날부터 60일 이내에 인사검증을 실시하여야 하고(제7조 제1항), 인사검증은 인사검증 대상자를 출석하게 하여 질의·답변하고 의견을 듣는 방식으로 진행하며(제7조 제3항), 위원회는 필요한 경우 증인 또는 참고인으로부터 증언·진술을 청취할 수 있다(제7조 제4항).

셋째, 위원장은 위원회의 의결이나 위원으로부터 요구가 있는 경우, 인사검증과 직접 관련된 자료나 검증에 필요한 도정현안 등에 대하여 도지사에게 자료제출을 요구할 수 있고, 이를 요구받은 도지사는 법령이나 조례에서 특별히 규정한 외에는 자료제출을 요구받은 날로부터 4일 이내에 제출하여야 한다(제8조 제1항, 제3항).

넷째, 인사검증 대상자에 대한 인사검증은 ① 직무수행과 관련된 사항, ② 병역에 관한 사항, ③ 과거의 형사처벌·행정제재 및 조세납부에 관한 기록 등 준법의식에 관한 사항, ④ 사회적 비난 가능성이 있는 도덕적 흠결 유무 및 도덕성에 관한 사항, ⑤ 공정성에 관한 사항에 대하여 실시한다(제9조 제1호부터 제5호). 위원회는 인사검증을 마친 날부터 3일 이내에 인사검증보고서를 의장에게 제출하고, 의장은 인사검증보고서가 제출되면 지체 없이 본회의에 보고하고 도지사에게 송부하여야 한다(제11조).

다섯째, 인사검증회의는 공개가 원칙이나, 개인의 명예나 사생활을 부당하게 침해할 우려가 명백한 경우 등에 해당하면 위원회의 의결로 공개하지 않는다(제12조).

(2) 조례안에 대한 판단

가. 인사검증 조례규정

상위 법령에서 지방자치단체의 장에게 기관구성원 임명·위촉권한을 부여하면서도 임명·위촉권의 행사에 대한 지방의회의 동의를 받도록 하는 등의 견제나 제약을 규정하고 있거나 그러한 제약을 조례 등에서 할 수 있다고 규정하고 있지 아니하는 한, 당해 법령에 의한 임명·위촉권은 지방자치단체의 장에게 전속적으로 부여된 것이라고 보아야 한다. 따라서 하위 법규인 조례로써는 지방자치단체의 장의 임명·위촉권을 제약할 수 없고, 지방의회의 지방자치단체 사무에 대한 비판, 감시, 통제를 위한 행정사무감사 및 조사권의 행사의 일환으로 위와 같은 제약을 규정하는 조례를 제정할 수도 없다(대법원 2004. 7. 22. 선고 2003추44 판결 참조).

이 사건 조례안(제4조)은 인사검증 대상자로 '전라북도지사가 임명하거나 추천한 출연기관 등의 장'을 규정하고 있다. 그런데 이에 해당하는 출연기관들의 경우 해당 정관에서 기관장 임명절차를 규정하고 있는 전라북도 여성교육문화센터를 제외하고는 모두 관련 상위 법령에서 해당 기관장의 임명절차에 관한 규정만을 두고 있고, 지방자치법이나 관련 법령에서도 전라북도의회에 의한 인사검증에 관하여는 아무런 규정을 두고 있지 않다.

이 사건 조례안(제4조)은 인사검증의 대상자로 '도지사나 부지사가 이사장으로 있는 출연기관 등의 장'을 규정하고 있다. 이에 해당하는 출연기관들은 모두 지방자치단체 출자·출연 기관의 운영에 관한 법률(제4조 및 제5조)과 민법(제32조) 등에 따라 전라북도 출연기관으로 지정·고시되어 있고, 전라북도의회의 조례에 의하여 설립·운영되는 민법상 비영리재단법인이다(다만 전라북도 문화관광재단의 경우 지역문화진흥법 제19조 제1항, 제3항에 따라 그 설립 및 운영에 필요한 사항을 조례로 정하도록 하고 있다). 그런데 이 사건 조례안(제4조)에 따른 출연기관들의 경우 모두 지방자치단체

출자·출연 기관의 운영에 관한 법률(제9조) 및 민법(제40조 및 제43조), 해당 기관의 설립 및 운영 관련 조례들에 따라 기관장의 임명절차와 방법만을 그 기관 정관에서 규정하고 있을 뿐이고, 전라북도의회에 의한 출연기관 등의 장에 대한 인사검증에 관하여는 상위 법령에서 아무런 규정을 두고 있지 않다.

지방자치법은 지방의회의 집행기관에 대한 견제장치로 서류제출요구권(제40조), 행정사무 감사권 및 조사권(제41조 및 제41조의2), 지방자치단체장 등의 출석 및 답변 요구권(제42조) 등을 규정하고 있으나, 지방자치단체의 출연기관 등의 장에 대한 지방의회의 인사검증에 관한 사항을 규정하고 있지는 않다.

위에서 본 법리와 관련 법령의 규정 등을 종합하여 보면, 상위 법령에서 이 사건 조례안(제4조)에 따른 출연기관 등의 장에 대하여 전라북도의회에 의한 별도의 인사검증에 관한 사항을 규정하고 있지 않은 취지는, 공공기관인 지방자치단체 출연기관의 책임경영체제를 확립함과 동시에 그 자율적 운영을 보장하기 위하여 원고가 전속적 책임 아래 출연기관 등의 장을 임명하거나 위촉할 수 있도록 하려는 데 있다고 봄이 타당하다(공공기관 운영에 관한 법률 제3조 참조).

국회법과 인사청문회법상 국회의 임명 동의 대상이 아닌 공직후보자에 대한 인사청문 절차는 사전(事前)에 임명권자로 하여금 문제가 있는 후보자에 대한 임명을 재고하도록 하려는 취지일 뿐 그 임명을 저지할 수 있게 하는 강제력이 부여되어 있지는 않다. 그런데 이 사건 조례안은 비록 사후적 인사검증 절차를 규정하고 있기는 하나, 그 제도의 취지와 목적이 전라북도지사가 임명하는 출연기관 등의 장에 대한 문제점을 지적하려는 데 있으므로, 그 효과 측면에서는 법령의 위임 없이 허용되지 않는 사전(事前) 인사청문 절차를 거치도록 한 것과 실질적으로 동일하다고 볼 수 있다. 또한 출연기관 등의 장의 임명 이후 권한행사에서 드러난 비리나 부정에 대하여는 별도로 지방자치법에 따른 피고의 행정사무 감사권 및 조사권의 행사를 통해 시정할 수 있으므로, 굳이 사후적 인사검증 제도를 도입할 실익이 있다고 보기도 어렵다.

따라서 이 사건 조례안 중 이 사건 인사검증 조례규정에 따른 출연기관 등의 장에 대한 전라북도의회의 인사검증은 상위 법령의 근거 없이 조례로써 원고의 임명·위촉권을 제약하는 것이므로 허용되지 않는다.

나. 자료제출 조례규정

지방자치법(제22조) 및 행정규제기본법(제4조)에 의하면 지방자치단체가 조례를 제정할 때 그 내용이 주민의 권리제한 또는 의무부과에 관한 사항이나 벌칙인 경우에는 법률의 위임이 있어야 하므로, 법률의 위임 없이 주민의 권리제한 또는 의무부과에 관한 사항을 정한 조례는 그 효력이 없다(대법원 2012. 11. 22. 선고 2010두19270 전원합의체 판결 참조).

이 사건 자료제출 조례규정은 비록 도지사가 인사검증 대상자의 인사검증과 관련한 자료 등을 소관 위원회에 제출하도록 명시하고 있으나, 이는 사실상 인사검증 대상자인 출연기관 등의 장에 대하여 자료를 제출할 의무를 부과하고 있는 것으로 볼 수 있다. 나아가 이 사건 조례안 전체를 살펴보더라도 법률의 위임 없이 인사검증 대상자로 하여금 소관위원회에 출석하여 진술하도록 의무를 부과하고 있고, 필요한 경우 증인 또는 참고인도 소관위원회에 출석하는 것을 전제로 증언·진술을 하도록 의무를 정하고 있다(제7조).

그렇다면 이 사건 자료제출 조례규정은 법률의 위임 없이 주민의 의무부과에 관한 사항을 조례로 규정한 것이므로, 지방자치법(제22조)에 위반되어 허용되지 않는다.

다. 개인정보제출 조례규정

개인정보 보호법(제15조)은 공공기관이 법령 등에서 정하는 소관 업무의 수행을 위하여 불가피한 경우 개인정보 처리자는 개인정보를 수집할 수 있도록 규정하고 있는데, 위 '법령 등'은 적법한 법령 등이어야 함은 당연하다. 앞서 본 바와 같이, 이 사건 조례안(제8조)이 법률의 위임 없이 주민의 의무부과에 관한 사항을 규정한 것이어서 허용될 수 없는 이상, 이러한 규정에 근거하여 인사검증 대상자의 형사처벌, 행정제재 및 도덕성 등에 관한 개인정보자료를 제출하게 하는 이 사건 조례안(제9조)은 개인정보 보호법(제15조)에 위반된다.

지방자치법(제40조 및 제41조)은 지방의회가 지방의회의 안건심의와 관련된 서류의 제출을 지방자치단체장에게 요구할 수 있도록 규정하고 있고, 지방의회의 행정사무 감사 또는 조사를 위하여 필요하면 서류제출을 요구할 수 있도록 규정하고 있다. 이 사건 조례안은 앞서 본 바와 같이 상위 법령의 근거 없이 출연기관 등의 장에 대한 피고의 인사검증사항을 정하고 있는 것으로서 허용될 수 없기 때문에, 이러한 인사검증을 위하여 이 사건 개인정보제출 조례규정에서 도지사로 하여금 인사검증 대상자의 형사처벌, 행정제재 및 도덕성 등에 관한 개인정보자료를 제출하도록 하는 것은, 피고의 안건심의나 행정사무 조사 및 감사에 한하여 서류를 제출하도록 규정한 지방자치법(제40조 및 제41조)의 허용범위를 벗어난다.

따라서 이 사건 조례안 중 이 사건 인사검증 조례규정, 자료제출 조례규정, 개인정보제출 조례규정은 위법하고, 위 각 규정이 위법한 이상 이 사건 조례안에 대한 재의결은 그 전부의 효력이 부정될 수밖에 없다(대법원 2002. 4. 26. 선고 2002추23 판결 등 참조).

⑶ **결과**

전라북도지사가 도지사 임명 출연기관장 등에 대한 도의회의 인사검증을 내용으로 하는 '전라북도 출연기관 등의 장에 대한 인사검증 조례안'에 대하여 상위 법령에 반하여 자신의 인사권한 행사를 침해한다는 이유를 들어 재의결을 요구하였으나 전라북도의회가 원안대로 재의결한 사안에서, 위 조례안 중 인사검증에 관한 조례 규정 등이 위법하여 조례안에 대한 재의결은 전부의 효력이 부정된다.

　상위 법령에서 지방자치단체의 장에게 기관구성원 임명·위촉권한을 부여하면서도 임명·위촉권의 행사에 대한 지방의회의 동의를 받도록 하는 등의 견제나 제약을 규정하고 있거나 그러한 제약을 조례 등에서 할 수 있다고 규정하고 있지 아니하는 한, 당해 법령에 의한 임명·위촉권은 지방자치단체의 장에게 전속적으로 부여된 것이라고 보아야 한다. 따라서 하위 법규인 조례로써는 지방자치단체장의 임명·위촉권을 제약할 수 없고, 지방의회의 지방자치단체 사무에 대한 비판, 감시, 통제를 위한 행정사무감사 및 조사권 행사의 일환으로 위와 같은 제약을 규정하는 조례를 제정할 수도 없다.

　지방자치법(제22조)과 행정규제기본법(제4조)에 따르면 지방자치단체가 조례를 제정할 때 내용이 주민의 권리제한 또는 의무부과에 관한 사항이거나 벌칙인 경우에는 법률의 위임이 있어야 하므로, 법률의 위임 없이 주민의 권리제한 또는 의무부과에 관한 사항을 정한 조례는 효력이 없다.

4) 서울시의회의 「기본 조례안」9)

(1) 경과와 내용

　서울시의회는 2012년 2월 27일, 서울특별시의회 기본조례안(이하 '이 사건 조례안'이라고 한다)을 의결하여 서울시장에게 이송하였다. 서울시장은 이 사건 조례안 중 일부 내용들이 법령에 위반된다는 등의 이유로 재의를 요구하였으나, 서울시의회는 2012년 4월 18일, 이 사건 조례안을 원안대로 재의결하여 이를 확정하였다.

　이 사건 조례안은 시장이 지방자치법 제146조에 따른 지방공사 및 공단의 장(이하 '산하기관장'이라고 한다)을 임명한 후 30일 이내에 상임위원회가 그 소관에 속하는 산하기관장에 대하여 그 경영능력 등에 관한 검증보

---

9) 대법원, 2012추91, 2012. 12. 26.

고서를 작성하여 의결하고 의장에게 제출하면, 의장은 지체 없이 본회의
에 보고하고 시장에게 송부하도록 규정하고 있다(제57조).

(2) 조례안에 대한 판단

지방자치법상 지방자치단체의 집행기관과 지방의회는 서로 분립되어
각기 그 고유권한을 행사하되 상호 견제의 범위 내에서 상대방의 권한 행
사에 대한 관여가 허용된다. 따라서 지방의회는 집행기관의 인사권을 독
자적으로 행사하거나 동등한 지위에서 합의하여 행사할 수 없고, 그에 관
하여 사전에 적극적으로 개입하는 것도 원칙적으로 허용되지 아니하지만,
집행기관의 인사권에 관하여 견제의 범위 내에서 소극적·사후적으로 개
입하는 것은 허용된다(대법원 1994. 4. 26. 선고 93추175 판결, 대법원 2009.
9. 24. 선고 2009추53 판결 등 참조).

앞서 살펴 본 사실관계를 위 법리에 비추어 보면, 이 사건 조례안(제57
조)은 서울시장이 산하기관장을 임명하고 난 후에 소관 상임위원회에서
그 산하기관장의 경영능력 등에 관한 검증보고서를 작성하여 서울시장에
게 제출하도록 하고 있을 뿐 서울시장이 검증보고서의 내용에 기속되거나
그에 따라 어떠한 조치를 취해야 하는 것도 아니므로, 서울시장의 인사권
에 관하여 견제의 범위 내에서 소극적·사후적으로 개입하는 것에 불과하
여 집행기관의 인사권을 침해한다고 할 수 없다.

(3) 결과

서울시장의 인사권에 관하여 견제의 범위 내에서 서울시의회가 소극적·
사후적으로 개입하는 것은 허용된다.

5) 지방의회 인사청문회 관련 대법원 판례 분석

이상의 사례들을 종합해 보면, 대법원 판결문의 공통점을 확인할 수 있

다. 관련 법률에 지방자치단체장에게 부여된 임면권을 제한하는 조례 제
정을 위한 근거 규정이 없기 때문에 인사청문회 조례를 제정할 수 없다는
것이다. 대법원은 사후검증 방식의 인사검증은 적법할 수 있으나, 사전검
증 방식은 명칭과 관계없이 단체장의 인사권을 사전적·적극적으로 제약
하는 것이므로 법령에 위반된다는 의견을 견지하고 있다.

그러나 지방자치법(제28조)은 '지방자치단체는 법령의 범위에서 그 사무
에 관하여 조례를 제정할 수 있다. 다만, 주민의 권리 제한 또는 의무 부
과에 관한 사항이나 벌칙을 정할 때에는 법률의 위임이 있어야 한다.'고
규정하고 있다. 관련 규정에 대한 대법원의 판례는 '법령의 범위 안에서'
는 반드시 법령의 위임이 있어야 한다는 것이 아니라, '법령에 위반되지
않는 범위 내에서'를 의미하고,[10] 조례의 법령상 위반 여부는 법령과 조
례 각각의 규정취지, 규정의 목적과 내용, 효과 등을 비교해 양자 사이에
모순·저촉이 있는지의 여부에 따라 개별적·구체적으로 결정해야 한다고
밝히고 있다. 이처럼 조례의 제정범위에 대해 상당히 폭넓은 입법 형성의
자유를 부여하고 있음에도 불구하고 유독 인사청문제도 도입을 위한 조례
제정에 대해서만 상위법의 명확한 근거가 없다는 이유로 무효 판결한 사
항은 재고(再考)되어야 한다.

4. 법률 개정을 통한 인사청문회 도입 시도와 좌절

대법원에서 지방의회 인사청문회에 대한 상위법의 명확한 근거가 없기
때문에 조례로 이를 도입하는 것은 무효라는 판단을 존중해 국회 차원에
서 법률 개정을 통한 지방의회 인사청문회 도입이 시도되었다.

---

10) 대법원, 2002추23, 2005. 4. 26., 대법원, 2003추51, 2004. 7. 22. 판결 등

제18대 국회에서 임동규 의원은 시·도지사가 정무직 또는 별정직 공무원으로 보하는 부시장·부지사를 임명하거나 제청하려는 때에는 시·도의회가 주관하는 인사청문회를 거치도록 하는 「지방자치법」 개정안을 대표 발의하였다. 김동철 의원은 지방공기업 사장, 단체장이 임명하는 1명의 부단체장은 지방의회의 인사청문을 거치고, 그 밖에 인사청문회의 절차 및 운영 등에 관한 사항은 조례로 정하도록 하는 「지방공기업법」과 「지방자치법」 개정안을 발의하였다. 하지만 모두 상임위원회 차원의 논의도 제대로 못하고 임기 만료로 인해 폐기되었다.

제19대 국회에서도 인사청문회 도입을 위한 노력은 계속되었다. 김동철 의원, 이명수 의원, 문병호 의원 등이 단체장이 임명하는 정무직 또는 별정직 지방공무원과 지방공기업 사장 등에 대한 인사청문제도 도입을 위한 「지방공기업법」과 「지방자치법」 개정안을 발의한 바 있다.

제20대 국회에서 전현희 의원은 상임위원회에서 인사청문회를 열 수 있고, 대상, 절차 및 운영 등 필요사항을 조례로 정할 수 있도록 하는 등의 내용을 포함하는 「지방의회법」 제정안을 대표 발의하였다.11) 황주홍 의원은 단체장이 임명하는 지방공사 및 지방공단의 장에 대하여 해당 상

---

11) 지방의회법의 주요내용은 다음과 같다. ① 이 법은 주민의 대표기관인 지방의회의 발전을 통한 성숙한 지방자치 구현에 기여함을 목적으로 함(안 제1조). ② 법령에 위반되지 않는 범위 안에서 그 사무에 관하여 조례를 제정할 수 있도록 함(안 제6조). ③ 의원은 공공의 이익을 우선하여 양심에 따라 그 직무를 성실히 수행하도록 함(안 제9조). ④ 특별시, 광역시, 특별자치시, 도, 특별자치도 의원의 의정활동을 지원하기 위하여 정책지원 전문인력을 둘 수 있도록 함(안 제12조). ⑤ 의장·부의장의 선거와 임기 및 의장의 직무에 관한 사항을 규정함(안 제21조 및 제22조). ⑥ 의장은 사무직원을 지휘·감독하고 법령과 조례로 정하는 바에 따라 그 임면·교육훈련·복무·징계 등에 관한 사항을 처리하도록 함(안 제33조). ⑦ 의회의 경비는 독립하여 지방자치단체 예산에 이를 계상하도록 함(안 제36조). ⑧ 교섭단체의 구성 요건 및 운영 등 교섭단체에 관한 사항을 규정함(안 제37조). ⑨ 위원회에 위원장과 위원의 자치입법활동 등을 지원하기 위하여 전문위원과 필요한 공무원을 두도록 함(안 제42조). ⑩ 상임위원회에서 인사청문을 위하여 인사청문회를 열 수 있도록 하고, 대상·절차 및 운영 등에 필요한 사항은 조례로 정하도록 함(안 제52조). ⑪ 의원의 사직·퇴직·궐원과 자격심사 등에 관한 사항을 규정함(안 제77조부터 제81조까지).

임위원회가 인사청문을 실시할 수 있도록 「지방자치법」 개정안을 대표 발의하였다. 김광수 의원과 황주홍 의원, 박대찬 의원은 지방공사와 지방공단 등의 장을 임명하기 전 인사청문을 거치도록 하는「지방공기업법」개정안을 각각 대표 발의한 바 있다. 함진규 의원은 지방자치단체 출자·출연 기관의 기관장 임명 시 지방자치단체의 조례로 정하는 바에 따라 지방의회의 인사청문회를 거칠 수 있도록 하는 근거 규정을 마련하기 위해 「지방자치단체 출자·출연 기관의 운영에 관한 법률」 개정안을 대표 발의하였다. 해당 법률안들은 임기 만료로 인해 모두 폐기된 바 있다.

제21대 국회에서도 지방의회 인사청문회 제도의 법적 근거 마련을 위한 관련 법률개정안이 다수 발의되었으나, 현재까지 제대로 된 논의는 진행되지 못하고 있다. 이하에서는 제20대 국회와 제21대 국회에서 발의된 법률안들을 중심으로 인사청문 관련 내용을 살펴보고자 한다.

1) 지방의회법안을 통한 인사청문회 도입 근거 마련

제20대 국회에서는 전현희 의원이 지방의회의 위상을 확립하고 독립성을 강화하여 지방자치와 풀뿌리 민주주의 발전에 기여하고자 「지방의회법」 제정안을 대표 발의하였다(2018.2.8.). 법안의 주요 내용은 상임위원회에서 인사청문회를 열 수 있도록 하고, 대상·절차 및 운영 등에 필요한 사항은 조례로 정하도록 하는 것(안 제52조)이다.

표 3-1 전현의 의원의 지방의회법안

제52조(인사청문회) ① 상임위원회(상임위원회가 구성되지 않은 경우에는 본회의를 말한다)는 인사청문을 위하여 인사청문회를 열 수 있다.
② 인사청문회의 대상, 절차 및 운영 등에 필요한 사항은 조례로 정한다.

제21대 국회에서도 이해식 의원, 서영교 의원, 이원욱 의원 등이 지방
의회법안을 대표발의 하면서 인사청문회에 관해 다음과 규정했다.

표 3-2 이해식 · 서영교 · 이원욱 의원의 지방의회법안

이해식 의원 대표발의 (2020.11.17.) 서영교 의원 대표발의 (2021.08.18.) 이원욱 의원 대표발의 (2021.12.29)	**제50조(인사청문회)** ① 상임위원회(상임위원회가 구성되지 않은 경우에는 본회의를 말한다)는 「지방공기업법」 제49조에 따른 지방공사 및 같은 법 제76조에 따른 지방공단의 장의 후보자에 대한 인사청문요청이 있는 경우 인사청문회를 열 수 있다. ② 상임위원회는 인사청문회를 마친 날부터 3일 이내에 인사청문경과를 본회의에 보고하여야 한다. ③ 의장은 제2항에 따라 인사청문경과가 본회의에 보고되면 지체 없이 이를 지방자치단체의 장에게 송부하여야 한다. ④ 제1항부터 제3항까지에서 규정한 사항 외에 인사청문회의 절차 및 운영 등에 필요한 사항은 조례로 정한다.

2) 지방자치법 개정을 통한 인사청문회 도입 근거 마련

제20대 국회에서는 먼저 황주홍 의원이 지방의회의 상임위원회가 단체
장이 임명하는 지방공사·공단의 장에 대한 인사청문을 실시할 수 있는
근거를 법률에 마련함으로써, 해당 후보자의 능력을 검증하고 지방공사
등의 경영합리화에 기여하기 위해 「지방자치법」 개정안을 대표 발의하였
다(2017.7.21.). 개정안은 <표 3-3>과 같다.

표 3-3 황주홍 의원의 「지방자치법」 개정안

현 행	개 정 안
〈신 설〉	제58조의2(인사청문회) ① 상임위원회(상임위원회가 구성되지 않은 경우에는 본회의를 말한다)는 지방자치단체의 장이 임명하는 「지방공기업법」 제2조에 따른 지방공사와 지방공단의 장에 대한 인사청문을 위하여 인사청문회를 열 수 있다. ② 인사청문회의 절차 및 운영 등에 필요한 사항은 조례로 정한다.

이채익 의원은 지방의회의 상임위원회로 하여금 지방자치단체의 장이 임명하는 지방공사 및 지방공단의 장에 대하여 인사청문을 실시하도록 하는 근거를 법률에 규정함으로써 해당 후보자의 능력을 검증하여 지방공사 등의 경영합리화에 기여하고자 지방자치법 일부개정법률안을 대표발의 하였다(2018.9.14.). 개정안은 <표 3-4>와 같다.

표 3-4 이채익 의원의 「지방자치법」 개정안

현 행	개 정 안
〈신 설〉	제58조의2(인사청문회) ① 상임위원회(상임위원회가 구성되지 않은 경우에는 본회의를 말한다)는 「지방공기업법」 제2조에 따른 지방공사와 지방공단의 장의 후보자에 대한 인사청문 요청이 있는 경우 인사청문을 실시하기 위하여 인사청문회를 연다. ② 지방의회의 의장은 제1항에 따라 실시한 인사청문회의 인사청문경과가 본회의에 보고되면 지체 없이 이를 지방자치단체의 장에게 송부하여야 한다. ③ 지방자치단체의 장은 지방공사와 지방

현 행	개 정 안
	공단의 장의 임명에 있어 지방의회의 인사청문경과보고서를 존중하여야 한다. ④ 인사청문회의 절차 및 운영 등에 필요한 사항은 조례로 정한다.

제21대 국회에서는 이형석 의원이 지방자치단체의 장이 임명하는 사람에 대한 인사청문회 실시 근거를 마련하여 지방의회의 견제기능을 보다 효율적으로 제고하고자 지방자치법 일부개정법률안을 대표발의했다(2021.8.4). 개정안은 <표 3-5>와 같다.

표 3-5 이형석 의원의 「지방자치법」 개정안

현 행	개 정 안
〈신 설〉	제77조의2(인사청문회) ① 지방자치단체의 장은 조례로 정하는 직위의 후보자에 대하여 지방의회에 인사청문을 요청하여야 한다. ② 지방의회의 의장은 제1항에 따른 인사청문 요청이 있는 경우 인사청문회를 실시한 후 그 경과를 지방자치단체의 장에게 송부하여야 한다. ③ 인사청문회의 절차 및 운영 등에 필요한 사항은 조례로 정한다.

오영훈 의원은 시·도지사가 임명하는 지방공사·지방공단의 장이나 부시장·부지사 등의 후보자에 대한 인사청문회 실시 근거를 마련하여 지방의회의 위상을 제고하고 집행부를 효율적으로 견제할 수 있도록 하고자 지방자치법 일부개정법률안을 대표발의했다(2021.7.1). 개정안은 <표 3-6>과 같다.

표 3-6 오영훈 의원의 「지방자치법」개정안

현 행	개 정 안
〈신 설〉	제78조의2(인사청문회) ① 시·도의회의 상임위원회(상임위원회가 구성되지 않은 경우에는 본회의를 말한다)는 시·도지사로부터 다음 각 호의 사람에 대한 인사청문 요청이 있는 경우 인사청문회를 연다. 1. 제123조제2항에 따라 정무직 국가공무원으로 보하는 부시장·부지사의 후보자 2. 「제주특별자치도 설치 및 국제자유도시 조성을 위한 특별법」제11조에 따라 임명하는 행정시장의 후보자 3. 「지방공기업법」제2조에 따른 지방공사와 지방공단의 장의 후보자 ② 시·도의회의 의장은 제1항에 따라 실시한 인사청문회의 인사청문경과를 시·도지사에게 송부하여야 한다. ③ 인사청문회의 절차 및 운영 등에 필요한 사항은 조례로 정한다.

3) 지방공기업법 개정을 통한 인사청문회 도입 근거 마련

제20대 국회에서는 김광수 의원(2018.2.8.), 황주홍 의원(2017.9.5.)과 박찬대 의원(2016.7.27.)이 「지방공기업법」개정을 통해 지방공사 등의 장에 대한 인사청문 실시의 법적 근거를 마련하고자 하였다. 관련 개정안은 <표 3-7>과 같다.

표 3-7 「지방공기업법」 개정안

구 분	현 행	개 정 안
김광수의원 대표발의 (2018.2.8.)	제58조(임원의 임면 등) ① · ② (생략) ③ 지방자치단체의 장은 제2항에 따라 사장과 감사(조례 또는 정관 으로 정하는 바에 따라 당연히 감사로 선임되는 사람은 제외한 다)를 임명할 경우 대통령령으로 정하는 임원추천위원회(이하 이 조에서 "임원추천위원회"라 한다) 가 추천한 사람 중에서 <u>임명하여야 한다.</u> 다만, 제4항에 따라 사장을 연임시키려는 경우에는 <u>임원추천 위원회의 심의를 거쳐야 한다.</u> 〈신 설〉	제58조(임원의 임면 등) ① · ② (현행과 같음) ③ ·································· ·· ·· ·· ·· ·· ·· <u>임명하되, 사장의 경우 임명 전 에 지방의회의 인사청문을 거쳐 야 한다.</u> ········ <u>임원추천위원회 의 심의를 거치되, 지방의회의 인 사청문을 거치지 아니한다.</u> ④ <u>제3항 본문에 따른 인사청문 의 절차 및 운영 등에 관하여 필 요한 사항은 지방자치단체의 조 례로 정한다.</u>
황주홍의원 대표발의 (2017.9.5.)	제58조(임원의 임면 등) ① · ② (생략) ③ 지방자치단체의 장은 제2항에 따라 사장과 감사(조례 또는 정관 으로 정하는 바에 따라 당연히 감 사로 선임되는 사람은 제외한다) 를 임명할 경우 대통령령으로 정 하는 임원추천위원회(이하 이 조 에서 "임원추천위원회"라 한다)가 추천한 사람 중에서 <u>임명하여야 한다.</u> 다만, 제4항에 따라 사장을	제58조(임원의 임면 등) ① · ② (생략) ③ ·································· ·· ·· ·· ·· ·· ················ <u>임명하되,</u> <u>사장의 경우 임명 전에 지방의회</u>

	연임시키려는 경우에는 임원추천위원회의 심의를 거쳐야 한다.	에 인사청문의 실시를 요청할 수 있다.
박찬대의원 대표발의 (2016.7.27.)	제58조(임원의 임면 등) ①~⑧ (생략) 〈신　설〉 〈신　설〉	제58조(임원의 임면 등) ①~⑧ (현행과 같음) ⑨ 지방자치단체의 장은 공사의 사장을 임명할 때에 지방의회에 인사청문회를 요청할 수 있다. ⑩ 제9항에 따라 개최하는 인사청문회의 절차 및 운영 등에 관하여 필요한 사항은 조례로 정한다.

제21대 국회에서는 최춘식 의원이 지방자치단체의 장이 지방공사 사장 및 지방공단 이사장을 임명하기 전 미리 지방의회의 인사청문을 거치도록 하고자 지방공기업법 일부개정법률안을 대표발의했다(2021.3.15.). 개정안은 <표 3-8>과 같다.

표 3-8　최춘식 의원의 「지방공기업법」 개정안

현　　행	개　정　안
〈신　설〉	제58조의2(인사청문 실시) ① 제58조제2항에 따라 지방자치단체의 장이 사장을 임명하려면 미리 지방의회의 인사청문을 거쳐야 한다. ② 제1항에 따른 인사청문의 실시를 위한 절차 및 운영 등에 관하여 필요한 사항은 조례로 정한다.

4) 지방출자출연법 개정을 통한 인사청문회 도입 근거 마련

　제20대 국회에서는 함진규 의원이 지방의회와 단체장 간의 협약 등에 따라 이루어지고 있는 현행 인사청문회의 실효성 및 법적 공방 등 사회적 논란을 해소하기 위해 조례로 정하는 바에 따라 지방의회의 인사청문회를 거칠 수 있도록 하는 「지방자치단체 출자·출연 기관의 운영에 관한 법률」 개정안을 대표 발의하였다(2019.8.22.). 개정안은 <표 3-9>와 같다.

표 3-9 「지방자치단체 출자·출연 기관의 운영에 관한 법률」 개정안

현　　　행	개　정　안
제9조(임원) ① (생략) ② 출자·출연 기관의 임원(지방자치단체 소속 공무원이 당연직인 경우는 제외한다)은 공개모집을 통한 경쟁의 방식으로 <u>임명한다.</u> ③~⑤ (생략)	제9조(임원) ① (현행과 같음) ② ·· <u>임명하되,</u> <u>기관장의 임명은 지방자치단체의 조례로 정하는 바에 따라 지방의회의 인사청문회를 거칠 수 있다.</u> ③~⑤ (현행과 같음)

　제21대 국회에서는 박완수 의원이 지방자치단체 출자·출연 기관의 기관장을 임명하려는 때에는 지방자치단체의 조례로 정하는 바에 따라 지방의회의 인사청문회를 거치도록 하는 근거 규정을 마련하여 지방자치단체 출자·출연기관의 경영합리화에 기여하고자 「지방자치단체 출자·출연 기관의 운영에 관한 법률」 개정안을 대표 발의하였다. 개정안은 <표 3-10>과 같다.

표 3-10 「지방자치단체 출자·출연 기관의 운영에 관한 법률」 개정안

현 행	개 정 안
제9조(임원) ① (생략)	제9조(임원) ① (현행과 같음)
② 출자·출연 기관의 임원(지방자치단체 소속 공무원이 당연직인 경우는 제외한다)은 공개모집을 통한 경쟁의 방식으로 임명한다.	② ·· <u>임명하되,</u> <u>기관장의 임명은 지방자치단체의 조례로</u> <u>정하는 바에 따라 지방의회의 인사청문회</u> <u>를 거쳐야 한다.</u>
③~⑤ (생략)	③~⑤ (현행과 같음)

5) 소결 및 종합

지방의회 인사청문제도 도입을 위한 관련 법률의 제정 및 개정안을 살펴보면, 제18대 국회부터 현재 제21대 국회까지 발의된 법령안의 내용에 큰 차이는 없다. 공통적으로 지방의회의 위상을 확립하고 독립성을 확보하기 위해 지방의회가 지방자치단체 고위 공직자 및 산하기관의 장에 대한 인사청문회를 개최할 수 있고, 청문 대상 및 절차 등의 구체적인 사항을 조례로 규정하도록 하는 것이다.

04

지방의회 인사청문회
도입 실태 분석

04

지방의회 인사청문회
도입 실태 분석

앞서 살펴본 바와 같이 2003년 전라북도의회의 인사청문관련 조례가 대법원에서 무효판결을 받음에 따라 조례를 통한 인사청문회 도입은 무산되었다. 그 이후 잠시 주춤했던 인사청문회 도입 논의는 2010년 9월 개최된 전국시도의회의장협의회[1]에서 광주광역시의회가 제출한 '지방공기업 사장 인사청문회 도입을 위한 「지방공기업법」 개정 건의안'을 채택하면서 본격화되었다.

이후 국회에서도 임동규 의원이 대표발의한 「지방자치법」 일부개정안과 김동철 의원이 대표발의한 「지방자치법」 및 「지방공기업법」 일부개정안이 제출되어 부단체장과 지방공기업사장 임명 시 인사청문회를 도입하는 방안을 추진했다. 제21대 국회에서도 그 노력은 계속되어 오고 있으나 아직까지 구체적인 성과는 보이지 못하고 있다.

인사청문회에 관한 법률 개정과 조례 제정이 이뤄지지 못해 법적 근거가 없는 상황에서 경기도 성남시의회와 인천광역시의회가 인사청문과 유사한 형태의 새로운 시도를 도모했다.

먼저 경기도 성남시의회는 2011년 2월 22일 성남문화재단의 대표이사

---

1) 현재는 대한민국시도의회의장협의회로 그 명칭이 변경되었다.

와 청소년육성재단 상임이사 임명동의안 처리에 앞서 '의견청취'라는 형태
로 사실상의 인사청문회를 가졌다.[2] 그러나 다음의 언론 보도를 통해서도
알 수 있듯이 '인사청문회'라는 용어를 두고 성남시와 성남시의회 간 갈등
이 있었다.[3]

> "경기도 성남시의회가 산하단체장에 대한 의견청취 절차를 '인사청문회'로
> 표현했다가 성남시의 반발을 사는 해프닝을 연출해 비난을 샀다. 성남시의
> 회는 9일 보도자료를 통해 성남시장이 임명동의를 요구한 성남문화재단 대
> 표이사와 성남시청소년육성재단 상임이사에 대한 인사청문회를 오는 14일
> 개원하는 임시회 기간에 열기로 했다고 밝혔다. 시의회는 현재 산하단체장
> 에 대한 임명동의안을 본회의에 상정, 투표로 처리하는 과정에서 후보자 자
> 질검증 절차가 없다며 임명동의안 처리에 앞서 검증절차를 시행하자고 시
> 에 요구했고, 시가 이를 수용했다고 덧붙였다.
> 그러나 성남시는 '성남시의회 지자체 최초로 인사청문회를 연다'는 보도자료
> 중 인사청문회라는 표현은 시의 공식 입장이 아니라고 반박했다. 시 관계자
> 는 "인사청문회는 인사청문회법에 의거해서 대통령이 행정부 고위 공직자를
> 임명할 때 국회의 검증을 받는 제도인데 지자체 산하기관 대표이사 임명동
> 의안과 관련된 표현으로는 상당히 부적절하다"고 지적했다. 성남시의회가
> 시 집행부에 보낸 공문에서도 "의견청취를 통해 임명대상자에 대한 업무수
> 행능력을 사전 검증하는 자리"라고 명시하고 있다. 이에 성남시의회는 뒤늦
> 게 해명자료를 통해 '인사청문회'를 '의견청취'로 바로잡는다고 밝혔다."

인천광역시의회는 정무부시장 내정자에 대한 '인사간담회'라는 형태로
2011년 10월 13일 실질적인 의미의 인사청문회를 실시하게 된다. 그러나
이 두 지역은 일회성에 그치고 법적 근거가 없다는 점에서 절차상 구속력
과 위법성 시비가 일기도 했다.

---

2) 김명식. (2017). 지방자치단체 인사청문회 운영의 법적 문제. 제도와 경제, 11(2):
   129-151.
3) 내일신문, 2011.02.10. 산하단체장 인사 의견청취가 청문회?

이후 인천광역시의회는 논란 끝에 의회 예규를 제정해 그 근거를 마련했고, 이는 대전광역시의회 등으로 확대되었다. 나머지 지방의회는 단체장과의 '협약'이라는 새로운 형태로 인사청문회를 도입해 오고 있다.

현재 지방의회 차원의 인사청문회는 단체장에게 임명권이 부여된 일부 고위직과 지자체 산하기관장 등에 대한 인사검증을 다양한 형태로 운영해 오고 있다. 이는 시행(도입)근거와 검증 형태 두 가지 기준에 따라 분류가 가능하다. 첫째, 시행(도입) 근거가 무엇인지에 따라서는 세 가지로 구분이 가능하다. 법률과 조례에 근거한 경우, 외부적 효력이 없는 의회 예규(또는 지침)에 근거한 경우, 마지막으로 단체장과 지방의회 간 협약에 의한 경우이다. 둘째, 검증 형태에 따라서는 사전과 사후로 구분할 수 있다. 본래적 의미의 인사청문회는 사전 검증을 의미하나, 사전 검증이 아닌 사후 검증은 가능하다는 대법원 판례를 존중해 단체장 임명 후 경영능력 등을 사후적으로 검증하는 형태도 존재한다. 이상의 내용을 자세히 살펴보면 다음과 같다.

1. 제1유형: 법률 및 조례에 근거한 사전검증 형태의 인사청문회

이 유형은 법률과 조례에 근거해 사전 검증형식의 인사청문회를 운영하는 형태이다. 다른 유형보다 법적·제도적 측면에서 안정성이 가장 높다. 법률과 조례를 통해 규율하고 있기 때문에 제도 유지와 계속성 측면에서도 다른 유형보다 우월한 형태라 할 수 있다. 우리나라 지방자치단체 중에서는 제주특별자치도가 유일하다.[4] 별정직 지방공무원으로 보하는 부

---

4) 이로 인해 타 지방자치단체에서는 제주도에만 인사청문회를 도입하고 타 지방자치단체의 도입을 막는 것은 명백한 차별이라는 주장이 제기되기도 한다.

지사, 감사위원회의 위원장을 그 대상으로 한다. 「제주특별자치도 설치 및 국제자유도시 조성을 위한 특별법」 제43조에 다음과 같은 명문의 근거 조항이 있다.

표 4-1 제주특별자치도 설치 및 국제자유도시 조성을 위한 특별법
(법률 제18384호, 2021. 8. 10., 타법개정)

제43조(인사청문회) ① 도지사는 「지방자치법」 제123조제2항 단서에 따라 별정직 지방공무원으로 보하는 부지사에 대해서는 관계 법령의 규정에도 불구하고 그 임용 전에 도의회에 인사청문의 실시를 요청하여야 한다.
② 도의회는 제1항에 따라 도지사가 인사청문의 실시를 요청한 사람에 대하여 인사청문을 실시하기 위하여 인사청문 특별위원회를 둔다.
③ 도의회는 제132조제1항에 따라 감사위원회의 위원장에 대한 임명동의안을 심사하기 위하여 인사청문 특별위원회를 둔다.
④ 제2항 및 제3항에 따른 인사청문 특별위원회는 도의회의 동의가 필요한 사람에 대한 임명동의안과 도지사로부터 요청된 인사청문요청안(이하 "임명동의안등"이라 한다)이 도의회에 제출된 때에 구성된 것으로 보고, 그 임명동의안등이 도의회 본회의에서 의결될 때 또는 인사청문경과가 도의회 본회의에 보고될 때까지 존속한다.
⑤ 인사청문 특별위원회는 제2항 및 제3항에 따른 인사청문 또는 심사를 위하여 인사에 관한 청문회(이하 "인사청문회"라 한다)를 연다.
⑥ 제1항부터 제5항까지에서 규정한 사항 외에 인사청문회에 관하여는 「인사청문회법」 제4조제2항, 제5조부터 제9조까지, 제10조제1항 · 제2항, 제11조, 제12조부터 제15조까지, 제15조의2 및 제16조부터 제18조까지의 규정을 준용한다. 이 경우 "위원회"는 "인사청문 특별위원회"로, "위원장"은 "인사청문 특별위원회의 위원장"으로, "국회"는 "도의회"로, "임명권자(대통령당선인을 포함한다) 또는 지명권자"와 "대통령 또는 대법원장"은 각각 "도지사"로, "의장"은 "도의회 의장"으로, "헌법재판소재판관등"과 "국회법 제65조의2제2항의 규정에 의한 공직후보자"는 각각 "인사청문대상자"로, "국가기관"은 "지방자치단체"로 본다.

⑦ 제1항부터 제6항까지에서 규정한 사항 외에 인사청문 특별위원회의 구성·운영, 인사청문회의 운영, 임용예정자에 대한 답변 및 의견 청취 방식 등에 관하여 필요한 세부적인 사항은 도조례로 정한다.

이는 제주특별자치도의 특수한 상황에 기초하는데, 과거 제주도 내 기초자치단체였던 제주시·서귀포시의 법인격을 중앙정부가 회수하여 광역자치단체인 제주특별자치도의 하부조직으로 편입했다. 이처럼 제주도지사의 권한이 확대됨에 따라 지방의회 견제기능을 이전보다 강화할 필요가 있었기 때문이다.[5]

제주특별법에 규정된 사항 이외의 일반적인 사항은 「인사청문회법」을 준용하되, 인사청문 특별위원회의 구성·운영, 인사청문회의 운영, 임용예정자에 대한 답변 및 의견청취 방식 등에 관한 사항은 도 조례로 정하도록 하고 있다. 이에 따라 2006년부터 「제주특별자치도의회 인사청문회 조례」를 제정한 후 몇 차례 개정을 거듭해 오고 있으며 현재 별정직(정무)부지사와 감사위원장을 임명하기 전에 '인사청문특별위원회'를 통한 인사청문회를 실시하고 있다.

인사청문회 대상을 별정직(정무) 부지사와 감사위원장으로 한정해 적용한 것은 국무총리·감사원장에 대해 국회 동의를 거쳐 대통령이 임명하도록 한 헌법적 절차와 동일한 기준을 적용한 것으로 해석할 수 있다(김명식, 2017). 제주특별자치도의회 인사청문회 조례는 다음과 같다.

---

5) 김명식. (2017). 지방자치단체 인사청문회 운영의 법적 문제. 제도와 경제, 11(2): 129-151.

표 4-2 제주특별자치도의회 인사청문회 조례
(제주특별자치도조례 제2238호, 2019. 4. 11., 일부개정)

제1조(목적) 이 조례는 「제주특별자치도 설치 및 국제자유도시 조성을 위한 특별법」 제43조제7항의 규정에 의하여 제주특별자치도의회의 인사청문특별위원회의 구성·운영과 인사청문회의 절차·운영 등에 관하여 필요한 사항을 규정함을 목적으로 한다.

제2조(정의) 이 조례에서 사용하는 용어의 정의는 다음과 같다.

1. "인사청문대상자"라 함은 「제주특별자치도 설치 및 국제자유도시 조성을 위한 특별법」(이하 "제주특별법"이라 한다) 제43조제1항에 따라 제주특별자치도지사(이하 "도지사"라 한다)로부터 인사청문이 요청된 사람과 제주특별법 제132조제1항에 따라 제주특별자치도의회(이하 "도의회"라 한다)에 임명동의 요청된 사람을 말한다.

2. "임명동의안등"이라 함은 제주특별법 제43조제1항의 규정에 의한 인사청문 요청안 및 제주특별법 제132조제1항에 따른 임명동의안을 말한다.

제3조(인사청문특별위원회) ① 제주특별법 제43조제2항 및 제3항의 규정에 의한 인사청문특별위원회(이하 "위원회"라 한다)는 임명동의안 등이 의회에 제출된 때에 구성된 것으로 본다.

② 위원회의 위원정수는 7인으로 한다.

③ 위원회의 위원은 제주특별자치도의회의장(이하 "도의회 의장"이라 한다)이 상임위원회(의회운영위원회를 제외 한다)별로 1인씩 추천한 6인을 포함하여 선임 및 개선(改選)한다. 이 경우 상임위원회에서는 위원회가 구성된 날부터 2일 이내에 도의회 의장에게 위원을 추천하여야 하며, 이 기간내에 추천이 없는때에는 도의회 의장이 의회운영위원회와 협의하여 위원을 선임 할 수 있다.

④ 제3항에 따라 위원을 상임위원회별로 1인씩 추천하거나 도의회 의장 의장이 선임 및 개선할 경우에는 성별을 고려할 수 있다.

⑤ 위원회는 위원장 1인과 부위원장 1인을 호선하고 본회의에 보고한다.

⑥ 위원회는 임명동의안등이 본회의에서 의결될 때 또는 인사청문경과가 본회의에 보고 될 때까지 존속한다.

⑦ 위원회의 행정지원 업무는 제주특별자치도 인사업무를 담당하는 부서 소

관 상임위원회 전문위원이 수행한다.

제4조(임명동의안등의 심사 또는 인사청문) ① 위원회의 임명동의안등에 대한 심사 또는 인사청문은 제주특별법 제43조제5항의 규정에 의한 인사청문회를 열어, 인사청문대상자를 출석하게 하여 질의를 행하고 답변과 의견을 청취하는 방식으로 한다.

② 위원회는 필요한 경우 증인·감정인 또는 참고인으로부터 증언·진술을 청취하는 등 증거조사를 할 수 있다.

제5조(임명동의안등의 첨부서류) 도지사가 도의회에 제출하는 임명동의안 등에는 요청사유서와 다음 각호의 사항에 관한 증빙서류를 첨부하여야 한다.

 1. 직업·학력·경력에 관한 사항
 2. 「공직자등의 병역사항 신고 및 공개에관한 법률」의 규정에 의한 병역신고사항
 3. 「공직자윤리법」 제4조의 규정에 의한 등록대상 재산에 관한 신고사항
 4. 최근 5년간의 소득세·재산세(토지분 및 건축물분을 포함한다)의 납부 및 체납실적에 관한 사항
 5. 범죄경력에 관한 사항

제6조(임명동의안등의 회부등) ① 도의회 의장은 도지사로부터 임명동의안등이 도의회에 제출된 때에는 즉시 본회의에 보고하고 위원회에 회부하며, 그 심사 또는 인사청문이 끝난 후 본회의에 부의하거나 위원장으로 하여금 본회의에 보고하도록 한다. 다만, 폐회 또는 휴회 등으로 본회의에 보고할 수 없을 때에는 이를 생략하고 회부할 수 있다.

② 도의회는 임명동의안등이 제출된 날부터 20일 이내에 그 심사 또는 인사청문을 마쳐야 한다.

③ 부득이한 사유로 제2항의 규정에 의한 기간 이내에 별정직지방공무원으로 보하는 부지사에 대한 인사청문회를 마치지 못하여 의회가 인사청문경과보고서를 송부하지 못한 경우에 도지사는 10일의 범위에서 기간을 정하여 인사청문경과보고서를 송부하여 줄 것을 도의회에 요청할 수 있다.

④ 제3항에 따른 기간 이내에 인사청문대상자에 대한 인사청문경과보고서를 도의회가 송부하지 아니한 경우에 도지사는 인사청문 요청한 자를 부지사로 임용할 수 있다.

제7조(위원의 질의등) ① 위원회는 인사청문대상자로부터 선서를 받은 후 10분의 범위 내에서 모두(冒頭)발언을 청취한다.

② 제1항의 규정에 의한 인사청문대상자의 선서는 다음과 같이 한다. "공직후보자인 본인은 양심에 따라 숨김과 보탬이 없이 사실 그대로 말할 것을 맹서합니다."

③ 위원 1인당 질의시간은 위원장이 간사와 협의하여 정한다.

④ 위원회에서의 질의는 1문1답의 방식으로 한다. 다만, 위원회의 의결이 있는 경우 일괄질의 등 다른 방식으로 할 수 있다.

⑤ 위원이 인사청문대상자에 대하여 질의하고자 하는 경우에는 질의요지서를 구체적으로 작성하여 인사청문회 개회 24시간 전까지 위원장에게 제출하여야 한다. 이 경우 위원장은 지체없이 질의요지서를 인사청문대상자에게 송부하여야 한다.

⑥ 위원은 인사청문대상자에게 서면으로 질의할 수 있다. 이 경우 질의서는 위원장에게 제출하고, 위원장은 늦어도 인사청문회 개회 5일 전까지 질의서가 인사청문대상자에게 도달되도록 송부하여야 하며 인사청문대상자는 인사청문회 개회 48시간 전까지 위원장에게 답변서를 제출하여야 한다.

⑦ 제14조 및 제15조의 규정은 서면답변에 관하여 이를 준용한다.

제8조(증인등의 출석요구) 위원회가 증인·감정인·참고인의 출석요구를 한 때에는 그 출석요구서가 늦어도 출석요구일 5일 전에 송달되도록 하여야 한다.

제9조(위원회의 활동기간등) ① 위원회는 임명동의안등이 회부된 날부터 15일 이내에 인사청문회를 마치되, 인사청문회의 기간은 2일 이내로 한다. 다만, 부득이한 사유로 인사청문대상자에 대한 인사청문회를 그 기간이 내에 마치지 못하여 제6조제3항에 따라 기간이 정하여진 때에는 그 연장된 기간 이내에 인사청문회를 마쳐야 한다.

② 위원회는 임명동의안등에 대한 인사청문회를 마친 날부터 3일 이내에 심사 경과보고서 또는 인사청문경과보고서를 의장에게 제출한다.

③ 위원회가 정당한 이유없이 제1항 및 제2항의 기간내에 불구하고 임명 동의안에 대한 심사를 마치지 아니한 때에는 도의회 의장은 이를 바로 본회의에 부의 할 수 있다.

제10조(경과보고서) ① 위원회가 제9조제2항에 따라 도의회 의장에게 제출하

는 보고서에는 심사경과 또는 인사청문경과를 기재하고 관련된 중요 증거서류를 첨부하여야 한다.

② 도의회 의장은 보고서가 제출된 때에는 본회의에서 의제가 되기 전에 인쇄하여 의원에게 배부한다. 다만, 긴급을 요할 때에는 이를 생략할 수 있다.

제11조(위원장의 보고) ① 위원장은 위원회에서 심사 또는 인사청문을 마친 임명동의안등에 대한 위원회의 심사경과 또는 인사청문경과를 본회의에 보고한다.

② 도의회 의장은 별정직지방공무원으로 보하는 부지사에 대한 인사청문 경과가 본회의에 보고되면 지체없이 인사청문경과보고서를 도지사에게 송부 하여야 한다. 다만, 인사청문을 마친 후 폐회 또는 휴회 그 밖의 부득이한 사유로 위원장이 인사청문경과를 본회의에 보고할 수 없을 때에는 위원장은 이를 도의회 의장에게 보고하고 도의회 의장은 인사청문 경과보고서를 도지사에게 송부하여야 한다.

제12조(자료제출요구) ① 위원회는 그 의결 또는 재적의원 3분의 1 이상의 요구로 인사청문대상자의 심사 및 인사청문과 직접 관련된 자료의 제출을 국가기관·지방자치단체, 그 밖의 기관에 대하여 요구할 수 있다.

② 제1항에 따라 자료의 제출을 요구받은 기관 등은 특별한 사유가 없는 한 적극 협조하여야 한다.

제13조(검증) 위원회는 인사청문대상자의 심사 및 인사청문을 위하여 필요한 경우에는 그 의결로 검증을 행할 수 있다.

제14조(인사청문회의 공개) 인사청문회는 공개한다. 다만, 다음 각호의 어느 하나에 해당하는 경우에는 위원회의 의결로 공개하지 아니할 수 있다.

1. 군사·외교 등 국가기밀에 관한 사항으로서 국가의 안전보장을 위하여 필요한 경우
2. 개인의 명예나 사생활을 부당하게 침해할 우려가 명백한 경우
3. 기업 및 개인의 적법한 금융 또는 상거래 등에 관한 정보가 누설될 우려가 있는 경우
4. 계속(繫屬)중인 재판 또는 수사 중인 사건의 소추에 영향을 미치는 정보가 누설될 우려가 명백한 경우
5. 그 밖에 다른 법령에 의해 비밀이 유지되어야 하는 경우로서 위원장이

비공개가 필요하다고 인정하는 경우

제15조(인사청문대상자등의 보호) 위원회에 출석한 인사청문대상자·증인·참고인 등이 답변을 하거나 증언 등을 함에 있어서 특별한 이유로 인사청문회의 비공개를 요구할 때에는 위원회의 의결로 인사청문회를 공개하지 아니할 수 있다. 이 경우 그 비공개 이유는 비공개회의에서 소명하여야 한다.

제16조(답변등의 거부) ① 인사청문대상자는 「국회에서의 증언·감정 등에 관한 법률」 제4조제1항 단서의 규정에 해당하는 경우에는 답변 또 자료제출을 거부할 수 있다.

② 인사청문대상자는 「형사소송법」 제148조 또는 제149조의 규정에 해당하는 경우에 답변 또는 자료제출을 거부할 수 있다. 이 경우 그 거부이유는 소명하여야 한다.

제17조(제척과 회피) ① 위원은 인사청문대상자와 직접 이해관계가 있거나 공정을 기할 수 없는 현저한 사유가 있는 경우에는 그 인사청문대상자에 대한 인사청문회에 참여할 수 없다.

② 위원회는 제척사유가 있다고 인정할 때에는 그 의결로 당해 위원의 인사청문회 참여를 배제하고 다른 위원으로 개선(改選)하여 심사는 인사청문을 하게 하여야 한다.

③ 제1항의 사유가 있는 위원은 그 인사청문대상자에 대한 인사청문회에 한하여 위원회의 허가를 받아 이를 회피할 수 있다.

제18조(주의의무) ① 위원은 허위사실임을 알고 있음에도 진실인 것을 전제로 하여 발언하거나 위협적 또는 모욕적인 발언을 하여서는 아니된다.

② 위원 및 사무보조자는 임명동의안등의 심사 또는 인사청문을 통하여 알게 된 비밀을 정당한 사유없이 누설하여서는 아니된다.

제19조(준용규정) 위원회의 구성·운영과 인사청문회의 절차 등에 관하여는 이 조례에서 규정한 사항을 제외하고는 「제주특별자치도의회 위원회 및 교섭단체 구성과 운영에 관한 조례」, 「제주특별자치도의회 행정사무감사 및 조사에 관한 조례」, 「제주특별자치도의회 회의규칙」의 규정을 준용한다.

제20조(시행규칙) 이 조례 시행에 필요한 사항은 규칙으로 정한다.

2. 제2유형: 의회 예규에 근거한 사전검증 형태의 인사청문회

이 유형은 법률 또는 조례상의 근거 없이 의회 예규(또는 지침 등)에 따라 인사청문을 실시하는 형태이다. 상위법상 근거가 없어 대외적 구속력을 가지는 조례로 인사청문회를 규정할 수 없음을 감안해 지방의회 내부적 효력만을 가지는 의회 예규에 따라 운영하는 형태이다. 이에 대하여 김명식(2017)은 상위법상 근거 없이 의회의 훈령이나 예규 등으로 인사청문회를 규정하는 것은 지방의회와 단체장의 권한배분 원칙과 법체계에 적합하지 않다는 주장도 있다. 그럼에도 불구하고 의회 예규의 효력에 대해 단체장이 이를 부정하지 않고 수용하고 있는 점, 단체장이 임명권 행사 전에 의회 예규에서 정한 인사청문이라는 추가적인 절차에 스스로 구속시키고 있다는 점에서 단체장의 의지와 결단이 매우 중요한 유형이라 할 수 있다. 따라서 이 유형은 법령상 근거가 없어 제도의 안정성 측면에서 매우 불안한 측면이 있고, 단체장이 의회 예규의 효력과 적용을 배제할 경우에는 제도의 지속성이 유지될 수 없다는 단점이 있다.6)

의회 예규에 의한 인사청문제도는 인천, 대전, 제주 등에서 실시하고 있으며, 상위법 위배의 소지가 있기 때문에 인사청문회라는 용어를 직접 사용하기 보다는 '인사간담회', '인사청문간담회'라는 명칭으로 운영하기도 한다. 그러나 사실상 인사청문회와 거의 유사한 형태로 보면 된다.

---

6) 의회 예규를 통해 인사청문회를 도입하고 있는 인천광역시를 예를 들면, 송영길 시장의 공약으로 실시된 정무부시장에 대한 인사간담회를 민선 6기 유정복 시장이 유지해야 하는가에 대한 논란이 발생하는 등 의회예규(지침)를 통한 인사청문제도는 그 자체로 불안정하고 지속 가능성 측면에서 한계가 있을 수 있다.

1) 인천광역시의회

인천광역시의회는 2011년, 송영길 인천시장 재직 당시 정무부시장 내정자에 대해 인사간담회 형식을 통한 인사청문회를 도입했다. 이는 민선 5기 송영길 인천시장의 공약사항이기도 했다. 법령상 근거가 없는 상황에서 송영길 인천시장의 요청에 따라 인천시의회가 수용하는 방식을 채택했다. 이에 따라 송영길 인천시장의 요청으로 2011년 10월 김진영 정무부시장을 대상으로 최초로 실시한 이후 2012년 11월에는 김교흥 정무부시장에 대해서도 인사간담회를 개최한 바 있다.

그러나 인사간담회 절차나 운영 등 세부적인 사항에 관한 규정이 없었다. 두 차례 열린 인사간담회 개최 과정에서 업무 혼선이 발생하고 촉박한 준비기간 등 운영상 일부 문제를 노출하기도 했다. 한편, 상위법 위반 문제를 해결하기 위해 인사청문회 방식은 준용하되 "인사간담회"라는 명칭을 활용했다. 인사간담회에 관한 세부사항을 의회예규(인천광역시의회 인사간담회 운영지침)로 제정한(2013.1.28.) 이후 한 차례 개정을 거쳐 현재까지 운영해 오고 있다. 민선 6기 유정복 시장이 지명한 배국환 정무부시장에 대해 인사간담회 지속 여부에 대한 일부 논란이 있었으나, 이후에도 인사간담회가 꾸준히 실시되어 오고 있다.

현행 지침에 따르면 정무부시장 내정자가 대상이지만, 임용권자인 시장이 인사간담 범위를 확대할 필요가 있다고 인정하여 개방형직위 내정자, 공사·공단의 임원 내정자, 자치경찰위원회 위원장 내정자 등에 대한 인사간담을 요청하는 경우 인사간담회를 실시할 수 있도록 규정하고 있다.

표 4-3 인천광역시의회 인사간담회 운영지침
((일부개정) 2022-01-17 예규 제64호)

제1조(목적) 이 지침은 인천광역시의회의 인사간담특별위원회의 구성·운영과 인사간담회의 절차·운영 등에 관하여 필요한 사항을 규정함을 목적으로 한다.

제2조(정의) 이 지침에서 사용하는 용어의 정의는 다음과 같다.

1. "인사간담회"라 함은 인천광역시의회(이하 "의회"라 한다)가 인천광역시장(당선인을 포함한다. 이하 "시장"이라 한다)의 요청에 따라 공정하고 합리적인 인사제도 도입을 위하여 실시하는 것으로 공직후보자에 대하여 도덕성, 가치관, 공직관, 업무수행 능력과 자질 등을 임용 전에 검증하기 위한 회의를 말한다.

2. "인사간담대상자"라 함은 시장이 임명권 행사에 앞서 필요하다고 인정하여 의회에 인사간담을 요청한 공직후보자를 말한다.

3. "공직후보자"라 함은 「지방자치법」 제123조의 규정에 의한 정무부시장 내정자를 말한다. 다만, 임용권자인 시장이 인사간담 범위를 확대할 필요가 있다고 인정하여 「지방공무원법」 제29조의4 규정에 의한 개방형직위 내정자와 「지방공기업법」 제58조 및 제76조의 규정에 의한 공사·공단의 임원 내정자, 「지방자치법」 제129조의 규정에 의한 자치경찰위원회 위원장 내정자 등에 대한 인사간담을 요청하는 경우 공직후보자의 범위에 포함할 수 있다.

4. "상임위원회가 구성되기 전"이라 함은 지방자치단체장·광역의회의원 총선거 후 또는 전반기 상임위원장의 임기만료로 「인천광역시의회 운영에 관한 조례」 제31조제2항에 따라 본회의에서 상임위원장이 선출되기 전을 말한다.

제3조(인사간담특별위원회) ① 인사간담특별위원회(이하 "위원회"라 한다)는 시장으로부터 인사간담요청서가 의회에 제출된 때에 구성된 것으로 보며, 「인천광역시의회 운영에 관한 조례」 제28조에 따라 그 소관에 속하는 상임위원회(이하 "소관 상임위원회"라 한다)가 주관이 되어 실시한다. 다만, 상임위원회가 구성되기 전에 인사간담 요청이 있는 경우에는 전체의원간담회에서 그

절차 등에 관하여 필요한 사항을 따로 정하여 운영할 수 있다.

② 제1항의 단서규정에 따라 실시한 인사간담은 소관 상임위원회의 인사간담회로 본다.

③ 위원회의 위원장과 부위원장은 소관 상임위원회의 위원장과 부위원장이 각각 그 직을 수행하고, 위원회의 존속기한은 인사간담경과보고서(이하 "경과보고서"라 한다)가 인천광역시의회의장(이하 "의장"이라 한다)에게 제출될 때까지로 한다.

④ 위원회의 위원은 소관 상임위원회의 위원을 당연직 위원으로 하고, 의장과 각 상임위원장이 추천하는 위원을 포함하여야 하며 정수는 13명으로 한다.

⑤ 위원회의 위원은 제1항에 따라 위원회가 구성된 날부터 2일 이내에 정당이나 지역구 등을 고려하여 의장이 2명 이내로 추천하고, 각 상임위원회(의회운영위원회와 소관 상임위원회를 제외한다)별로 상임위원장이 각각 1명을 소관 상임위원장에게 추천하여야 한다. 다만, 이 기간 내에 위원 추천이 없는 때에는 소관 상임위원장은 의회운영위원장과 협의하여 위원을 추천할 수 있다.

⑥ 위원장은 제5항에 따라 위원 추천이 있는 경우 지체 없이 인사간담회 실시계획을 수립하여 의장에게 보고하고, 각 상임위원장에게 통보하여야 한다.

⑦ 위원회의 행정지원 업무는 따로 정하고 있는 사무를 제외하고는 소관 상임위원회의 수석전문위원이 수행한다.

제4조(위원 선임 및 개선) ① 의장은 위원장으로부터 보고된 인사간담회 실시계획을 검토하여 위원장에게 계획의 일부를 변경 요구할 수 있으며, 인사간담회 실시 7일 전까지 위원 선임결과와 일시, 장소 등을 확정하여 시장에게 통보하고 지방일간지나 홈페이지 등에 공표할 수 있다.

② 의장은 위원장이 요청하는 경우 인사간담회 개시 24시간 전까지 선임한 위원을 개선(改選)하거나 일정 등을 변경할 수 있다. 이 경우 의장은 의회운영위원장과 협의하여 개선하거나 변경하고, 그 내용을 시장과 각 상임위원장에게 즉시 통보하여야 한다.

제5조(인사간담요청서 첨부서류) 시장이 의회에 제출하는 인사간담요청서에는 특별한 사유가 없는 한 그 이유와 공직후보자의 검증에 필요한 다음 각호의 사항에 관한 증빙서류를 첨부하여야 한다.

 1. 간담회 공개 등에 관한 동의서

2. 직업·학력·경력·연구실적·기술 및 자격 등에 관한 사항
3. 가족관계등록부 및 주소이력과 병역사항이 기재된 주민등록초본(공직후
   보자의 18세 이상인 직계비속을 포함한다)
4. 「공직자윤리법」 제4조의 규정에 의한 등록대상 재산에 관한 사항
5. 최근 5년간의 국세·지방세의 납부 및 체납실적에 관한 사항
6. 범죄경력에 관한 사항

제6조(회부 및 경과보고) ① 의장은 제3조제1항에 따라 시장으로부터 인사간담요청서가 의회에 제출된 때에는 본회의 보고를 생략하고, 즉시 소관 상임위원회에 회부하여야 한다. 다만, 둘 이상의 상임위원회와 관련되는 공직후보자의 인사간담은 상임위원회 간에 협의를 거쳐 정하되, 협의가 이루어지지 아니할 때에는 의장이 의회운영위원장과 협의하여 결정한다.

② 위원장은 인사간담요청서가 회부된 날부터 20일 이내에 인사간담회를 마치고, 지체 없이 인사간담경과를 의장에게 보고하여야 하며, 의장은 경과보고서를 시장에게 송부하여야 한다.

③ 부득이한 사유로 제2항의 규정에 의한 기간 이내에 별정직지방공무원으로 보하는 정무부시장 등에 대한 인사간담을 마치지 못하여 의회가 경과보고서를 송부하지 못한 경우에 시장은 3일의 범위 이내에서 기간을 정하여 경과보고서를 송부하여 줄 것을 의회에 요청할 수 있다.

④ 제3항의 규정에 의한 기간 이내에 인사간담대상자에 대한 경과보고서를 의회가 송부하지 아니한 경우에 시장은 별정직 지방공무원으로 보하는 정무부시장 등에 대하여 임용절차를 이행할 수 있다.

제7조(자료제출요구) ① 위원장은 위원회의 의결이나 위원으로부터 요구가 있는 경우 인사간담과 직접 관련된 자료나 검증에 필요한 시정현안 등에 대하여 시장에게 자료제출을 요구할 수 있다.

② 제1항에 따른 자료제출 요구는 늦어도 그 자료제출일 3일 전까지 하여야 한다.

③ 제1항의 요구를 받은 시장은 법령이나 조례에서 특별히 규정한 경우 외에는 적극 협조하여야 한다.

제8조(증인 등의 출석요구 및 보호) ① 위원회는 필요한 경우 증인·감정인 또는 참고인으로부터 증언·진술을 청취하는 등 증거조사를 할 수 있다.

② 위원회가 증인·감정인·참고인의 출석요구를 하고자 하는 경우에는 그 출석요구서가 늦어도 출석요구일 3일 전까지 송달되도록 하여야 한다.

③ 증인·감정인·참고인의 증언·진술이 공개될 경우 형사소추 또는 공소제기를 당하거나 그 업무상 위탁을 받은 관계로 알게 된 사실로서 타인의 비밀에 관한 것은 증언이나 진술을 거부할 수 있다. 다만, 본인의 승낙이 있거나 중대한 공익상 필요가 있을 때에는 예외로 한다.

제9조(인사간담회의 공개 등) ① 인사간담회는 공개한다. 다만, 다음 각 호의 어느 하나에 해당하는 경우에는 위원회의 의결로 공개하지 아니할 수 있다.

1. 군사·외교 등 국가기밀에 관한 사항으로서 국가의 안전보장을 위하여 필요한 경우
2. 개인의 명예나 사생활을 부당하게 침해할 우려가 명백한 경우
3. 기업 및 개인의 적법한 금융 또는 상거래 등에 관한 정보가 누설될 우려가 있는 경우
4. 계속중인 재판 또는 수사중인 사건의 소추에 영향을 미치는 정보가 누설될 우려가 명백한 경우
5. 인사간담대상자·증인·참고인 등이 특별한 이유로 인사간담회를 비공개로 요구하는 경우
6. 그 밖의 다른 법령에 의해 비밀이 유지되어야 하는 경우로서 위원장이 비공개가 필요하다고 인정하는 경우

② 공직후보자는 답변이 공무상 비밀에 관한 것이거나 자료제출이 국가의 중대한 이익을 해치는 경우에는 답변 또는 자료제출을 거부할 수 있다. 이 경우 그 거부이유는 소명하여야 한다.

제10조(인사간담회의 운영) ① 위원회는 인사간담대상자를 출석하게 하여 언론 공개 등에 대한 동의 여부를 확인하고, 10분의 범위 내에서 공직후보자의 정책 소견을 들은 다음 질의를 행하고 답변과 의견을 청취하는 방식으로 운영한다.

② 위원회에서의 위원의 질의는 일문일답의 방식으로 한다. 다만, 위원회의 의결이 있는 경우 일괄질의나 서면질의 등 다른 방식을 병행할 수 있다.

③ 위원별 본 질의시간은 답변시간을 포함하여 15분을, 보충질의는 10분을 초과할 수 없다.

④ 보충질의는 다른 위원의 본 질의 종료 후에 실시하고, 보충질의 횟수는 제한하지 않는다. 다만, 보충질의시간이 10분을 초과하게 되면 위원장은 질의시간 초과안내 후에 다른 위원에게 발언을 허가할 수 있다.

제11조(제척과 회피) ① 위원은 인사간담대상자와 직접 이해관계가 있거나 공정을 기할 수 없는 현저한 사유(위원의 배우자, 위원 또는 그 배우자의 직계존비속이거나 형제자매인 경우에 한한다)가 있는 경우에는 제4조의 규정에도 불구하고 그 인사간담회에 참여할 수 없다.

② 위원회는 제척사유가 있다고 인정할 때에는 그 의결로 당해 위원의 인사간담회 참여를 배제하고 다른 위원으로 개선(改選)하여 인사간담을 하게 하여야 한다.

③ 제1항의 사유가 있는 위원은 그 인사간담대상자에 대한 인사간담회에 한하여 위원회의 허가를 받아 이를 회피할 수 있다.

제12조(주의의무) ① 위원장은 소모적·정략적 의도의 발언이나 공직후보자의 명예나 사생활을 부당하게 침해하는 발언을 허가하여서는 아니 되며, 필요하다고 인정하는 경우에는 발언중단을 요구하여야 한다.

② 위원은 허위사실임을 알고 있음에도 진실인 것을 전제로 하여 발언하거나 위협적 또는 모욕적인 발언을 하여서는 아니 된다.

③ 위원 및 사무보조자는 인사간담요구서를 통하여 알게 된 비밀을 정당한 사유 없이 누설하여서는 아니 된다.

제13조(준용규정) 위원회의 구성·운영과 인사간담회의 절차 등에 관하여 이 지침에서 규정한 사항을 제외하고는 「인천광역시의회 운영에 관한 조례」, 「인천광역시의회 행정사무감사 및 조사에 관한 조례」, 「인천광역시의회 회의규칙」을 준용한다.

2) 대전광역시의회

대전광역시의회는 민선 6기 권선택 대전시장의 선거 공약이었던 지방공기업 사장에 대한 인사청문회 제도를 2014년에 본격 도입했다. 이는 대전시장의 요청에 따라 공직후보자에 대해 도덕성, 가치관, 공직관, 업무수

행능력과 자질 등을 임용하기 전에 검증하기 위한 것으로 '인사청문간담
회'라는 명칭으로 시행하고 있다. 인사청문대상은 「지방공기업법」 제58조
및 제76조에 따른 공사·공단의 사장 및 이사장으로 도시철도공사, 시설
관리공단, 도시공사, 마케팅공사 등 4개 기관이다.

  인천광역시의회와 같이 대전광역시의회도 상위법 위반 문제를 해소하기
위한 방편으로 조례가 아닌 「대전광역시의회 인사청문간담회 운영규정」(의
회훈령)에 근거를 두고 있다. 2014년 9월 26일 제정된 이후 두 차례의 개
정이 이뤄졌으며 현행 운영규정은 <표 4-4>와 같다. 대전광역시의회의
경우 인사청문간담회를 마치고 경과보고서를 작성할 때 공직후보자의 관련
공직 적격여부를 기재할 수 있도록 하는 조항(제6조)을 둔 점은 다른 지역
과 구별되는 특징이다.[7]

표 4-4 대전광역시의회 인사청문간담회 운영규정
         ((일부개정) 2018-03-16 의회훈령 제48호)

제1조(목적) 이 규정은 대전광역시의회의 인사청문간담특별위원회의 구성·
운영과 인사청문간담회의 절차·운영 등에 관하여 필요한 사항을 규정함을
목적으로 한다.
제2조(정의) 이 규정에서 사용하는 용어의 뜻은 다음과 같다.
  1. "인사청문간담회"란 대전광역시의회(이하"의회"라 한다)가 대전광역시장
    (당선인을 포함한다. 이하"시장"이라 한다)의 요청에 따라 공직후보자에
    대하여 도덕성, 가치관, 공직관, 업무수행 능력과 자질 등을 임용 전에 검
    증하기 위한 회의를 말한다.
  2. "공직후보자"란 「지방공기업법」 제58조 및 제76조에 따른 공사·공단의 사
    장 및 이사장을 임명하기 위하여 인사청문간담이 요청된 자를 말한다. 다

---

7) 대전광역시의회 김경훈 운영위원장은 "국회처럼 인사청문회를 진행하려면 상위법인
   지방공기업법 및 지방자치법 개정안이 통과돼야 한다"며 "공직 후보자에 대해 적격
   및 부적격 의견을 제시할 수 있도록 한 점은 진일보했다고 평가한다"고 밝혔다(연합
   뉴스, 2014년 9월 22일).

만, 인사청문간담 범위를 확대할 필요가 있는 경우 시장과 협의하여 인사
청문간담대상에 포함할 수 있다.

제3조(인사청문간담특별위원회) ① 의회는 인사청문간담을 실시하기 위하여
인사청문간담특별위원회(이하 "위원회"라 한다)를 둔다.

② 위원회는 인사청문간담요청서가 소관 상임위원회에 회부된 때에 구성된
것으로 보며, 그 인사청문간담경과보고서(이하 "보고서"라 한다)를 대전광역
시의회의장(이하 "의장"이라 한다)에게 보고될 때까지 존속한다.

③ 위원회는 「대전광역시의회 위원회조례」 제3조에 따른 소관 상임위원회가
주관이 되어 인사청문간담회를 연다. 다만, 상임위원회가 구성되기 전에 인사
청문간담 요청이 있는 경우에는 전체 의원간담회에서 그 절차 등 필요한 사
항을 따로 정하여 운영할 수 있다.

④ 위원회는 위원장과 부위원장 각 1명을 포함하여 5~8명으로 한다.

⑤ 위원장과 부위원장은 소관 상임위원장과 부위원장이 되며 소관 상임위원
회 위원은 위원회의 당연직 위원이 되고, 그 밖에 위촉위원은 의장과 위원장
이 협의 추천하여 의장이 선임한다.

⑥ 제5항에 따른 추천은 위원회가 구성된 날부터 2일 이내에 추천하여야 한
다. 다만, 이 기한 내에 협의 추천이 안 될 경우에는 의장이 선임할 수 있다.

⑦ 위원장은 위원 구성이 완료된 경우 지체 없이 인사청문간담회 실시계획을
수립하여 의장에게 보고하고 각 위원에게 통보하여야 한다.

⑧ 의장은 위원장으로부터 보고된 인사청문간담회 실시계획을 검토하여 위원
장에게 계획의 일부를 변경 요구할 수 있으며, 인사청문간담회 실시 7일 전
까지 위원 선임결과와 일시, 장소 등을 확정하여 시장에게 통보하여야 한다.

⑨ 의장은 위원장이 요청하는 경우 운영위원장과 협의하여 인사청문간담회
개시 24시간 전까지 선임한 위원을 개선(改選)하거나 일정 등을 변경할 수
있다. 이 경우 의장은 그 내용을 시장과 각 위원에게 즉시 통보하여야 한다.

제4조 <삭제>

제5조(인사청문간담요청) ① 시장의 인사청문간담 요청은 임용하려는 공직에
대한 내정자를 대상으로 요청한다.

② 시장이 의회에 제출하는 인사청문간담요청서에는 다음 각 호의 사항에 관
한 증빙서류를 첨부하여야 한다. 이 경우 첨부하지 못하는 증빙서류에 대하

여는 소명하여야 한다.

1. 인사청문간담회 공개 동의서
2. 직업·학력·경력에 관한 사항
3. 가족관계등록부 및 주소이력과 병역사항이 기재된 주민등록초본. 이 경우 공직후보자의 18세 이상인 직계비속을 포함한다.
4. 「공직자윤리법」제4조에 따른 등록대상 재산에 관한 사항
5. 최근 5년간의 국세·지방세의 납부 및 체납실적에 관한 사항
6. 범죄경력에 관한 사항

제6조(회부 및 보고서 제출) ① 의장은 제5조에 따라 시장으로부터 인사청문간담요청서가 의회에 제출된 때에는 본회의 보고를 생략하고, 즉시 소관 상임위원회에 회부하여야 한다.

② 위원장은 인사청문간담요청서가 회부된 날부터 20일 이내에 인사청문간담회를 마치고, 3일 이내 보고서를 작성하여 의장에게 제출하여야 하며, 의장은 보고서를 즉시 시장에게 송부하여야 한다.

③ 제2항의 보고서에는 후보자 관련 공직 적격여부를 기재할 수 있으며 인사청문간담회의 경과와 관련된 중요 증거서류를 확보한 경우 이를 첨부할 수 있다.

제7조(인사청문간담회의 운영) ① 인사청문간담회는 공직후보자를 출석하게 하여 언론 공개 등에 대한 동의 여부를 확인하고, 10분의 범위에서 공직후보자의 정책 소견을 들은 다음 질의를 행하고 답변과 의견을 청취하는 방식으로 운영한다.

② 위원의 질의는 일문일답의 방식으로 한다. 다만, 위원회의 의결이 있는 경우 일괄질의나 서면질의 등 다른 방식을 병행할 수 있다.

③ 위원은 질의요지서를 작성하여 인사청문간담회 개회 24시간 전까지 위원장에게 제출하여야 하며, 위원장은 지체 없이 질의요지서를 공직후보자에게 송부하여야 한다. 다만, 서면질의의 경우 인사청문간담회 개회 5일 전에 공직후보자에게 송부하여야 하며, 공직후보자는 인사청문간담회 개최 48시간 전까지 위원장에게 답변서를 제출하여야 한다.

④ 위원의 본 질의시간은 답변시간을 포함하여 15분을, 보충질의는 10분을 초과할 수 없다.

⑤ 보충질의는 다른 위원의 본 질의가 끝난 후에 실시하고, 보충질의 횟수는 제한하지 않는다. 다만, 보충질의시간이 10분을 초과하게 되면 위원장은 질의시간 초과안내 후에 다른 위원에게 발언을 허가할 수 있다.

제8조(증인 등의 출석요구) ① 위원회는 필요한 경우 증인·감정인 또는 참고인으로부터 증언·진술을 청취하는 등 증거조사를 할 수 있다.

② 위원회가 증인·감정인·참고인의 출석요구를 하고자 하는 경우에는 그 출석요구서가 늦어도 출석요구일 3일 전까지 송달되도록 하여야 한다.

제9조(인사청문간담회의 공개) ① 인사청문간담회는 공개한다. 다만, 「인사청문회법」 제14조 각 호의 어느 하나에 해당하는 경우 위원회의 의결로 공개하지 아니할 수 있다.

② 제1항 단서의 규정에도 불구하고 위원회는 필요한 경우 2시간 이내에서 비공개로 별도 운영할 수 있다.

제10조(공직후보자 등 보호 및 답변거부) ① 인사청문간담회에 출석한 공직후보자, 증인, 참고인 등이 답변을 하거나 증언 등을 함에 있어서 특별한 이유로 인사청문간담회의 비공개를 요구한 때에는 위원회의 의결로 인사청문간담회를 공개하지 아니할 수 있다. 이 경우 그 비공개 이유를 비공개회의에서 소명하여야 한다.

② 공직후보자는 「국회에서의 증언·감정 등에 관한 법률」 제4조제1항 단서에 해당하는 경우 답변 또는 자료제출을 거부할 수 있다.

제11조(제척과 회피) ① 위원은 공직후보자와 직접 이해관계가 있거나 공정을 기할 수 없는 현저한 사유가 있는 경우에는 그 공직후보자에 대한 인사청문간담회에 참여할 수 없다.

② 위원회는 제척사유가 있다고 인정할 때에는 그 의결로 해당 위원의 인사청문간담회 참여를 배제하고 다른 위원으로 개선(改選)하여 인사청문간담을 하게 하여야 한다.

제12조(주의의무) ① 위원은 허위사실임을 알고 있음에도 진실인 것을 전제로 하여 발언하거나 위협적 또는 모욕적인 발언을 하여서는 아니된다. 이 경우 위원장은 발언중단을 요구할 수 있다.

② 위원 및 사무보조자는 인사청문간담회를 통하여 알게 된 비밀을 정당한 사유 없이 누설하여서는 아니 된다.

> **제13조(준용규정)** 위원회의 구성·운영과 인사청문간담회의 절차 등에 관하여 이 규정에서 규정한 사항을 제외하고는 「대전광역시의회 행정사무 감사 및 조사조례」, 「대전광역시의회에서의 증인 및 진술인 등 비용지급에 관한 조례」, 「대전광역시의회 회의규칙」 등 관련 규정을 준용한다.

3) 제주특별자치도의회

제주특별자치도의회는 앞서 살펴본 바와 같이 정무부지사와 감사위원장에 대해서는 제주특별법과 인사청문 조례에 따라 인사청문회를 실시해 오고 있으나, 민선 6기 원희룡 제주도지사가 취임하면서 도의회와의 합의를 거쳐 의회예규를 제정해 그 대상을 확대했다.

구체적으로 2014년 9월 11일, 「행정시장 인사청문회 실시에 관한 지침」을 제정해 제주시장과 서귀포 시장을 인사청문 대상으로 했다.[8] 같은 해 10월 8일, 「공기업 및 출자·출연기관장 인사청문회 실시에 관한 지침」을 제정해 도지사가 도의회에 청문을 요청한 산하기관장까지 확대했다. 이 지침에 따른 인사청문 대상기관은 제주개발공사, 제주에너지공사, 제주관광공사, 제주발전연구원, 제주국제컨벤션센터 등 총 5개 기관이다. 관련 지침을 살펴보면 다음과 같다.

---

8) 제주특별법 제12조에 따르면, 도지사 선거 후보자는 제주시장과 서귀포시장 등 행정시장 예고제를 도입·운영하고 있다. 구체적인 법령 조항은 다음과 같다.
제12조(행정시장의 예고 등) ① 「공직선거법」에 따른 도지사 선거(재선거와 보궐선거를 포함한다)의 도지사 후보자로 등록하려는 사람(이하 "도지사후보자"라 한다)은 제11조제2항 단서에 따라 임명할 행정시장을 행정시별로 각각 1명을 예고할 수 있다.
② 도지사후보자는 제1항에 따라 행정시장을 예고한 경우에는 「공직선거법」 제49조에 따라 후보자의 등록을 신청할 때에 예고한 사람의 명부와 본인승낙서를 함께 제출하여야 한다.
③ 도지사후보자는 「지방공무원법」 제31조 각 호의 어느 하나에 해당하는 사람을 행정시장으로 예고할 수 없다.
④ 도지사후보자는 선거권자가 행정시장으로 예고된 사람의 성명·직업·학력·경력 등을 알 수 있도록 하여야 하고, 그 예고 방법·기간 및 내용 등은 도조례로 정한다.

표 4-5 행정시장 인사청문회 실시에 관한 지침
((일부개정) 2020-06-03 의회예규 제35호)

제1조(목적) 이 지침은 제주특별자치도의회가 행정시장 임용절차 관련 인사
청문특별위원회 구성 및 운영 등에 관한 필요한 사항을 규정함을 목적으로
한다.

제2조(행정시장) "행정시장"이라 함은 「제주특별자치도 설치 및 국제자유도
시 조성을 위한 특별법」(이하 "법"이라 한다) 제11조제1항의 규정에 의해 행
정시에 두는 시장으로서 제주시장, 서귀포시장을 말한다.

제3조(인사청문 대상) 행정시장에 대한 인사청문 대상은 법 제12조에 의해
예고하지 않고, 법 제11조제4항의 규정에 의해 제주특별자치도지사(이하 "도
지사"라 한다)가 임명하려는 자에 한한다.

제4조(인사청문특별위원회) ① 인사청문특별위원회(이하 "위원회"라 한다)는
인사청문요청안이 제주특별자치도의회에 제출된 때 구성된 것으로 본다.

② 위원회의 위원정수는 7인으로 한다.

③ 위원회의 위원은 제주특별자치도의회의장(이하 "의장"이라 한다)이 교섭
단체 의원수의 비율에 의하여 각 교섭단체대표의원이 추천한 6인을 포함하여
선임 및 개선한다.

④ 위원회는 위원장 및 부위원장 각 1인을 호선하고 의장에게 보고한다.

제5조(조례의 준용) 이 지침에 규정되지 않은 사항은 「제주특별자치도의회
인사청문회 조례」에 근거한 제반 절차와 규정을 준용하여 인사청문회를 실시
한다.

표 4-6 공기업 및 출자 · 출연기관장 인사청문회 실시에 관한 지침
((제정) 2014-10-08 의회예규 제1호)

제1조(목적) 이 지침은 제주특별자치도지사(이하 "도지사"라 한다)가 임명하는 공기업 및 출자 · 출연기관장 등에 대하여 제주특별자치도의회(이하 "도의회"라 한다)가 인사청문을 실시하기 위하여 필요한 사항을 규정함을 목적으로 한다.

제2조(인사청문 대상) 이 규정에 적용되는 인사청문대상자는 공기업 및 출자 · 출연기관장에 대하여 도지사가 도의회에 청문을 요청한 자를 대상으로 한다.

제3조(인사청문위원회) ① 도지사가 인사청문 요청이 있을 시 제주특별자치도의회의장은 「제주특별자치도의회 위원회 및 교섭단체 구성과 운영에 관한 조례」 제4조(상임위원회의 직무와 그 소관)에 따른 해당 상임위원회에 회부하고 해당 상임위원회에서 인사청문회를 실시한다.

② 제1항에도 불구하고 특별한 사유가 있을 시 특별위원회를 구성하여 인사청문회를 실시할 수 있다.

제4조(준용 규정) 인사청문회 운영 절차 등에 대하여 이 지침에 규정되지 않은 사항은 「제주특별자치도의회 인사청문회 조례」의 규정을 준용한다.

3. 제3유형: 협약에 근거한 사전검증 형태의 인사청문회

이 유형은 법률, 조례, 의회예규가 아닌 단체장과 지방의회 간 협약을 통해 사전검증 형태의 인사청문을 실시하고 있는 형태이다. 이 유형은 법령상 근거가 없어 조례로 규정할 수 없다는 현실적인 제약을 감안한 선택이라 할 수 있다. 협약이라는 형태로 이뤄지기 때문에 인사청문회 제도의 안정성 측면에서 매우 불안하고, 단체장 또는 지방의회 어느 일방이 협약

을 파기하면 제도 시행이 불가능하다는 한계를 지니고 있다.[9] 이권일 (2022)[10]은 협약 형태의 법적인 문제점을 다음과 같이 제시하고 있다. 첫째, 협약의 강제성 내지 구속성에 관한 사항이다. 협약의 형태로 인사청문회가 이뤄지는 것은 정치적인 이해관계에 따른 단체장과 지방의회 간 양측의 양해 내지 동의에 의한 신사협정과 유사한 것이기 때문에 정치적 책임의 문제는 있을지언정 법적인 문제는 발생하기 어려운 형태이다. 둘째, 청문대상자에 관한 사항이다. 법적인 강제력이 없다보니 청문대상자가 이에 응하지 않거나, 협약상 명기된 각종 자료를 제출하지 않은 경우 제대로 된 청문회가 운영될 수 없다. 특히 협약의 실제 당사자가 아닌 제3자(청문대상자)에게 효력이 미친다고는 보기 어렵고 강제할 수는 없다는 입장이다. 셋째, 협약의 유효기간에 관한 사항이다. 협약 체결의 당사자의 임기가 종료된 경우 그 효력이 차기 단체장과 지방의회 의장에게 영향을 미치는지, 아니면 새로운 단체장과 의장이 다시 협약을 체결해야 하는지 등의 문제이다. 정치적 의미에서 암묵적으로 양 기관이 협약의 연장을 수용하더라도 법적인 관점에서는 협약의 유효기간이 문제가 될 소지가 있다.

협약에 근거한 인사청문회는 서울특별시의회, 부산광역시의회, 대구광역시의회, 광주광역시의회, 울산광역시의회, 경기도의회, 강원도의회, 충청북도의회, 충청남도의회, 전라북도의회, 전라남도의회, 경상북도의회, 경상남도의회 등에서 시행 중이다. 이를 구체적으로 살펴보면 다음과 같다.

---

9) 예를 들면, 경상남도의 경우 홍준표 지사와 의회간 협약을 체결했으나, 쌍방이 서로 협약을 어겼다는 이유를 들어 한 차례만 개최되고 이후 협약은 파기되었다(경남신문, 2013년 2월 19일). 이처럼 협약을 통한 인사청문회 제도 도입은 불안정성이 높고 지속성을 유지하는 데 어려운 측면이 있다.

10) 이권일. (2022). 지방자치단체의 인사청문제도 – 지방의회의 권한을 중심으로. 동아법학, (94): 61–90.

1) 서울특별시의회[11]

2015년 8월 17일 박원순 시장과 박래학 서울시의회 의장은 '서울특별시와 서울특별시의회 간 인사청문회 실시 협약'을 체결하고, 이후 동 협약에 근거한 인사청문회를 도입·운영하고 있다. 대상기관은 서울특별시 산하 지방공사·공단의 장 5개이다. 2014년 전국동시지방선거 당시 많은 단체장들이 인사청문회 도입을 공약으로 제시하고 경기도를 시작으로 단체장과 지방의회 간 협약을 통한 인사청문회를 본격적으로 도입하기 시작했다.

이에 서울시의회에서도 인사청문회 도입을 위한 다각적인 노력을 추진했다. 서울시의회는 「인사청문회 제도 도입을 위한 지방자치법 개정 촉구 건의안」을 의결('14.12.17)해 국회와 행정자치부에 송부해 인사청문회의 법적 근거 마련을 위한 노력을 추진했으나 실현되지 못했다. 또한 제19대 국회에서 김동철 의원, 이명수 의원, 문병호 의원 등의 대표발의로 단체장이 임명하는 정무직 또는 별정직 지방공무원과 지방공기업 사장 등에 대한 인사청문회 제도 도입을 위한 「지방공기업법」과 「지방자치법」 개정안이 제출되었으나 소관 상임위원회의 본격적인 논의 없이 임기만료로 폐기되었다.

이러한 국회를 통한 도입 노력과는 별도로 서울시의회는 「인사청문회 제도 도입을 위한 서울특별시장의 행정협약 체결 촉구 건의안」을 의결('14.12.19)해 서울시장에게 송부하는 등 법령 개정과 협약에 의한 인사청문회 제도 도입을 병행하여 추진했다. 이에 대해 서울시는 협약 체결을 통한 인사청문회 도입을 긍정적으로 검토하겠다는 답변을 내놓았다.[12] 이

---

11) 이 부분은 다음의 연구를 일부 발췌·수정하였다. 박순종. (2016). 지방자치단체 인사청문회 도입 및 운영 사례분석: 서울특별시를 중심으로. 인문사회과학연구, 2(2): 25–41.

12) 건의안에 대한 서울시의 답변 내용은 다음과 같다. 시민생활과 직결되는 기관의 장에 대한 지방의회의 사전검증을 통해 인사의 공정성과 민주성을 더욱 확보할 수 있으므로 의회민주주의를 존중하는 차원에서 시의회와 행정협약을 체결하여 도입하되, 타

에 따라 서울시와 시의회는 협약을 통한 인사청문회 제도 도입을 위한 협상을 실시했다. 그러나 협상과정에서 인사청문회 대상 및 범위를 놓고 서울시의회와 서울시 간 이견으로 인해 협약체결식이 1차례 연기되었다. 이후 서울시의회는 약 6개월여간 서울시 각종 행정위원회 위원 추천을 전면 중단했다. 이러한 서울시의회의 조치로 인해 원활한 업무 추진이 어려워진 서울시는 2015년 8월 17일, 향후 청문대상을 확대해 나가기로 노력한다는 문구를 삽입해 「인사청문회 실시 협약」을 최종 체결함으로써 인사청문회가 제도화되었다.

동 협약에 따라 청문 방법 등에 대한 논의를 위한 T/F가 구성되었고 협약 체결 7개월 이후 시점인 2016년 3월 9일에 세부 합의를 이뤄냈다. 이후 서울시의회 역사상 최초로 2016년 3월 24일, 서울시설관리공단 이사장 후보자에 대한 인사청문회를 실시한 이래 현재까지 계속되어 오고 있다. 최초 협약 이후 2차례의 개정이 이뤄졌고, 현재 적용되고 있는 협약의 내용은 다음과 같다.

표 4-7 서울특별시와 서울특별시의회 간 인사청문회 실시 협약서

서울특별시(이하 "시"라 한다)와 서울특별시의회(이하 "시의회"라 한다)는 시 산하 지방공기업의 장으로서 경영능력과 자질을 갖춘 우수 인재를 영입하기 위해 인사청문회를 실시하기로 합의하고 다음과 같이 협약을 체결한다.
1. 본 협약에 의한 인사청문회 실시 대상은 「지방공기업법」 제49조 및 제76조의 규정에 의하여 설립한(설립예정 포함) 서울특별시 산하 지방공사·공단의 장로 하며, 추후 대상기관을 확대해 나가도록 노력한다.
2. 해당 지방공사·지방공단의 임원추천위원회에서 복수로 추천한 후보자 중 시장이 단수로 선정하여 시의회에 인사청문회 개최를 요청하고, 시의회는 요청서가 접수된 날부터 10일 이내에 후보자에 대한 인사청문회 경과보고

시·도 사례 등을 통해 인사청문회 도입 시 우려가 될 수 있는 부분 등에 대해 사전에 충분히 논의할 필요가 있다는 의견을 제시함(서울시 및 서울시의회 내부자료).

서를 시장에게 송부하여야 한다. 이때 인사청문회는 차수 변경 없이 1일 이내에 마치기로 한다.
3. 시의회는 인사청문회 실시를 위해 별도의 특별위원회를 구성하여 운영한다.
4. 인사청문회는 후보자의 경영능력, 정책수행능력과 관련된 사항에 대하여 질의하고 답변하는 방식으로 진행한다.
5. 인사청문회는 공개를 원칙으로 한다.
6. 본 협약에 따른 인사청문회는 2015년 8월 17일 이후 임명하는 지방공기업의 장부터 실시하기로 한다.
7. 본 협약의 시행을 위한 기타 세부사항은 시와 시의회에서 공동으로 구성한 별도의 회의기구(TF)에서 정하는 바에 따르기로 한다.

본 협약의 성실한 이행을 약속하기 위하여 2부를 작성하고 서명날인한 후 각 1부씩 보관한다.

표 4-8 　서울특별시 산하 지방공기업의 장 임명후보자에 대한 인사청문 T/F 합의문

1. 서울특별시 산하 지방공사·지방공단의 장 임명 후보자(이하 "임명후보자"라 한다)의 구성 및 위원 선임방법 등에 관한 사항은 「서울특별시의회 기본 조례」를 준용하되, 소관 상임위원회 소속위원을 과반수 포함하며, 관련 전문위원실에서 해당 업무를 지원한다.
2. 시장은 <별지 1>의 서류를 첨부하여 의장에게 임명후보자에 대한 인사청문을 요청하고, 의장은 이를 본회의에 보고 후 해당 위원회에 즉시 회부한다. 다만 폐회 또는 휴회 중인 때에는 본회의 보고를 생략할 수 있다.
3. 시의회는 시장의 인사청문 요청서가 접수된 날부터 휴무, 공휴일을 제외한 10일(인사청문회는 차수 변경 없이 1일) 이내에 <별지 2>의 내용이 포함된 임명후보자에 대한 인사청문 경과보고서를 송부하여야 한다.
4. 의장이 제3호의 기한에 인사청문 결과를 송부하지 못했을 때는 시장은 임명후보자를 임명할 수 있으며, 시의회의 인사청문 결과는 시장의 임명후보자에 대한 임명권한을 기속하지 아니한다.

5. 인사청문특별위원회 위원장(이하 "위원장"이라 한다)은 인사청문 실시 후 그 결과를 본회의에 보고(폐회 또는 휴회 중인 때에는 의장에게 보고) 하여야 하고, 의장은 이를 시장에게 송부하여야 한다.

6. 인사청문은 공개를 원칙으로 한다. 다만, 다음 각 항의 어느 하나에 해당하는 경우에는 위원회의 의결로 공개하지 아니할 수 있다.

① 군사ㆍ외교 등 국가기밀에 관한 사항으로서 국가의 안전보장을 위하여 필요한 경우

② 개인의 명예나 사생활을 부당하게 침해할 우려가 명백한 경우

③ 기업 및 개인의 적법한 금융 또는 상거래 등에 관한 정보가 누설될 우려가 있는 경우

④ 계속중인 재판 또는 수사중인 사건의 소추에 영향을 미치는 정보가 누설될 우려가 명백한 경우

⑤ 임명후보자ㆍ증인ㆍ참고인 등이 특별한 이유로 인사청문회를 비공개로 요구하는 경우

⑥ 그 밖의 다른 법령에 의해 비밀이 유지되어야 하는 경우로서 위원장이 비공개가 필요하다고 인정하는 경우

7. 위원회는 임명후보자를 출석하게 하여 언론 공개 등에 대한 동의 여부를 확인하고, <별지 3>의 선서를 하게 한 후 10분의 범위에서 임명후보자의 정책 소견을 들은 다음 질의를 행하고 답변과 의견을 청취하는 방식으로 운영한다.

① 위원의 질의는 일문일답의 방식으로 한다. 다만, 위원회의 의결이 있는 경우 일괄질의나 서면질의 등 다른 방식을 병행할 수 있다.

② 위원별 본질의시간은 답변시간을 포함하여 15분을, 보충질의는 10분을 초과할 수 없다.

③ 보충질의는 다른 위원의 본질의 종료 후에 실시하고, 보충질의 횟수는 제한하지 않는다. 다만, 보충질의시간이 10분을 초과하게 되면 위원장은 질의시간 초과안내 후에 다른 위원에게 발언을 허가할 수 있다.

8. 임명후보자에 대한 출석요구는 청문회 개최 3일 전까지, 질의요지서는 48시간 전까지로 하고, 서면질의서는 청문회 개최 3일 전까지 송부하며, 24시간 전까지 그 답변서를 제출해야 한다.

9. 위원회는 필요한 경우 증인·감정인 또는 참고인으로부터 증언·진술을 청취하는 등 증거조사를 할 수 있다.
   ① 위원회가 증인·감정인·참고인의 출석요구를 하고자 하는 경우에는 그 출석요구서가 늦어도 출석요구일 3일 전까지 송달되도록 하여야 한다.
   ② 증인·감정인·참고인의 증언·진술이 공개될 경우 형사소추 또는 공소제기를 당하거나 그 업무상 위탁을 받은 관계로 알게 된 사실로서 타인의 비밀에 관한 것은 증언이나 진술을 거부할 수 있다. 다만, 본인의 승낙이 있거나 중대한 공익상 필요가 있을 때에는 예외로 한다.
10. 위원장은 소모적·정략적 의도의 발언이나 임명후보자의 명예나 사생활을 부당하게 침해하는 발언을 허가하여서는 아니 되며, 필요하다고 인정하는 경우에는 발언중단을 요구하여야 한다.
   ① 위원은 허위사실임을 알고 있음에도 진실인 것을 전제로 하여 발언하거나 위협적 또는 모욕적인 발언을 하여서는 아니 된다.
   ② 위원 및 사무보조자는 인사청문을 통하여 알게 된 비밀을 정당한 사유 없이 누설하여서는 아니 된다.
   ③ 임명후보자는 위원의 질문에 대하여 양심에 따라 숨김과 보탬이 없이 사실 그대로 성실하게 답변하여야 한다.
11. 위원회 위원은 위원장을 거쳐 임명후보자 인사청문과 관련된 자료 제출을 요구할 수 있으며, 시 및 산하 지방공기업은 청문회 개최 24시간 전까지 답변자료를 제출해야 한다.
12. 그밖에 위원회의 구성·운영과 인사청문회의 절차 등에 관하여 이 합의안에서 규정한 사항 이외에는 「서울특별시의회 기본 조례」, 「서울특별시 행정사무감사 및 조사에 관한 조례」, 「서울특별시의회 회의규칙」 등을 준용한다.

2) 부산광역시의회

부산광역시의회는 2018년 7월 말에 이르러 인사청문회 도입을 위한 실무협의를 시작하기로 하고, 부산광역시 산하 공공기관장 인사검증제도 도입 실무협상단을 구성·운영했다. 약 1달여 만인 8월 23일에 관련 합의문을 도출했고, 약 1주일 뒤인 29일에 오거돈 시장과 박인영 의장이 참여하는 협약식이 개최되면서 인사청문회가 본격 도입되었다. 명칭은 상위법 위배 소지를 감안해 인사검증회로 했다. 대상기관은 부산교통공사, 부산도시공사, 부산관광공사, 부산시설공단, 부산환경공단, 부산지방공사 스포원 등 총 6개이다. 2021년 10월 29일에는 박형준 부산시장과 신상해 부산시의회 의장과의 협약을 통해 대상기관 3개를 추가해 현재는 총 9개가 되었다. 현재 적용되고 있는 협약의 내용은 다음과 같다.

표 4-9 부산광역시 산하 공공기관장 인사검증회 도입 업무협약서

부산광역시의회(이하 "부산시의회"라고 한다)와 부산광역시(이하 "부산시"라고 한다)는 부산시 산하 공공기관의 장을 임명함에 있어 능력과 자질을 갖춘 우수 인재를 영입하기 위하여 2018년 8월 29일 체결한 「부산광역시 산하 공공기관장 인사검증회 도입 업무협약서」의 검증대상에 3개 기관을 추가한 확대업무 협약을 다음과 같이 체결한다.

제1조(목적) 이 협약은 부산시 산하 공공기관의 장에 대하여 임명 전 부산시의회가 인사검증을 실시하기 위하여 필요한 사항 등을 규정함을 목적으로 한다.
제2조(인사검증) 부산시의회와 부산시는 다음 각 호의 내용이 효율적으로 추진될 수 있도록 협력한다. 다만, 2018년 8월 29일 체결한 검증대상 기관(6개)에서 3개 기관을 추가하여 9개 기관으로 제2호에 규정된 기관으로 하되, 기관의 특성과 규모 등을 고려하여 추후 상호 협의하여 출연기관으로 확대할 수 있다.
 1. 명칭 : 부산광역시 산하 공공기관장 인사검증회
 2. 검증대상 : 부산교통공사, 부산도시공사, 부산관광공사, 부산시설공단, 부산환경공단, 부산지방공사 스포원, (재)부산연구원, (재)부산경제진흥원, 부산신용보증재단
 3. 검증주체 : 특별위원회

4. 검증실시 : 인사검증 요청일로부터 10일 이내

5. 진행방법 : 자기소개 및 직무수행계획 설명 후 질의응답

6. 결과송부 : 시의회는 검증 요청일로부터 10일 이내 인사검증 결과보고서를
   시장에게 송부

7. 제출서류

 가. 직업, 학력, 경력에 관한 사항

 나. 병역신고사항

 다. 재산신고사항

 라. 최근 5년간 세금 납부 및 체납 실적 사항

 마. 범죄 경력에 관한 사항(전직 공무원의 경우 징계처분 사항 포함)

 바. 자기소개서

 사. 직무수행계획서

 아. 임용 예정인 기관의 업무 관련 용역수행 현황

 자. 개인정보제공동의서

제3조(자료요구) 인사검증 대상자는 협약서 제2조 제7호의 서류를 임명권자의 인사검증 요청일까지 제출하고, 이와 관련한 추가 자료 요청 시 성실히 응해야 한다.

제4조(비밀유지의 의무) 부산시의회와 부산시는 공개적으로 얻을 수 있는 정보를 제외하고는 이 협약에 의한 검증절차 이행과정에서 알게 된 검증대상자의 정보와 자료는 비밀로 유지하여야 하며, 이를 제3자에게 공개·배포 또는 유출해서는 아니 된다.

제5조(협약의 변경) 본 협약내용에 변경사유가 발생할 경우 상호 합의에 의하여 변경할 수 있다.

제6조(협약기간) 본 협약은 협약일로부터 그 효력이 발생하며 협약기관 상호 간 특별한 의사표시가 없는 한 협약은 지속되는 것으로 한다.

제7조(기타사항) 본 협약의 시행을 위한 기타 세부사항은 부산시의회와 부산시 간에 협의하는 바에 따르기로 한다.

이 협약의 성실한 이행을 위하여 협약서 2부를 작성하고 부산시의회와 부산시가 서명 또는 날인한 후 각 1부씩 보관한다.

3) 대구광역시의회

대구광역시의회는 단체장의 자의적 판단이나 정실·보은인사 등 인사권을 견제하고 도덕성과 전문성을 겸비한 유능한 인재를 채용해야 한다는 이유로 시장이 임명권을 행사하는 산하기관장 등에 대한 인사청문회 제도를 도입하려는 노력이 추진되어 왔다. 특히 2014년 6월 4일 실시된 제6회 전국동시지방선거 대구시장으로 출마한 권영진 후보가 인사청문회 도입을 선거공약으로 제시하면서 제도 도입의 급물살을 타게 되었다. 당선이후 법적·제도적 기반이 마련된 후 실시할 예정이었다. 그러나 국회에서 관련 법률 개정이 이뤄지지 못한 상황에서 더 이상 미룰 수 없다는 판단 아래 2017년 6월 20일 대구광역시의회 의장과 대구광역시장이 체결한 협약(대구광역시 지방공기업 및 의료원의 장에 대한 대구광역시의회와 대구광역시간 인사청문 협약서)에 따라 인사청문회 제도가 본격 도입되었다.13) 인사청문 실시 대상은 대구도시철도공사·대구도시공사·대구시설공단·대구환경공단·대구의료원의 장 등 총 5개 기관으로 하되, 추후 대상기관 확대는 상호 협의하도록 했다. 현재 적용되고 있는 협약의 내용을 살펴보면 다음과 같다.

표 4-10 대구광역시 지방공기업 및 의료원의 장에 대한 대구광역시의회와
대구광역시 간 인사청문 협약서

대구광역시의회(이하 "시의회"라 한다)와 대구광역시(이하"시"라 한다)는 시 지방공기업 및 의료원의 장으로서 우수한 능력과 자질을 갖춘 인재를 임용하기 위해 후보자에 대한 인사청문을 실시하기로 합의하고 다음과 같이 협약을 체결한다.

---

13) 최근열. (2021). 지방자치단체 인사청문회 운영 사례분석: 대구광역시 의회를 중심으로.
한국지방자치연구, 23(1): 93-110.

제1조(목적) 이 협약은 지방공기업 및 의료원의 장을 임명함에 있어 후보자에 대한 인사청문 실시를 위해 필요한 사항을 규정함을 목적으로 한다.

제2조(인사청문의 대상) 이 협약에 따른 인사청문의 실시 대상은 대구도시철도공사·대구도시공사·대구시설공단·대구환경공단·대구의료원의 장으로 하며, 추후 대상기관 확대는 상호 협의한다.

제3조(인사청문의 요청) ① 대구광역시장(이하 "시장"이라 한다)은 제2조에 따른 지방공기업 및 의료원의 장을 임명하기 전에 시의회에 인사청문을 요청하여야 한다.

② 시장이 인사청문을 요청할 경우에는 인사청문요청서와 함께 인사청문대상자에 대한 다음 각 호의 증빙서류를 첨부하여야 한다. 다만, 증빙서류를 첨부하지 못하는 경우에는 그 사유서를 첨부하여야 한다.

 1. 자기소개서
 2. 직업, 학력, 경력에 관한 사항
 3. 「공직자 등의 병력사항 신고 및 공개에 관한 법률」의 규정에 따른 병역 신고사항
 4. 「공직자윤리법」의 규정에 따른 재산신고 사항
 5. 최근 5년간 소득세, 재산세, 종합토지세의 납부 또는 체납 실적에 관한 상항
 6. 범죄경력에 관한 사항
 7. 인사청문위원회의 공개에 대한 동의서
 8. 직무수행계획서
 9. 그밖에 의회에서 요청하는 서류

제4조(인사청문위원회 구성·운영) ① 시의회는 요청서가 접수된 날부터 15일 이내에 인사청문대상자에 대한 인사청문위원회를 실시하고 경과보고서를 시장에게 송부하여야 한다. 이때 인사청문위원회는 차수 변경 없이 1일로 한다.

② 인사청문위원회는 인사청문 대상자의 경영능력, 정책수행능력과 관련된 사항을 질의하고 답변하는 방식으로 운영한다.

③ 인사청문위원회는 인사청문을 위한 필요한 자료요구와 서면질의를 할 수 있으며 시와 인사청문대상자는 이에 성실히 응하여야 한다.

제5조(경과보고서의 효력) 시장은 경과보고서를 참작하여 인사청문 대상자의

임명 여부를 결정하되, 경과보고서는 법령 및 정관에서 규정하고 있는 시장의 임명권한을 기속하지 아니한다.

제6조(인사청문위원회의 공개) 인사청문위원회는 공개를 원칙으로 한다. 다만 사생활 등 비밀유지가 필요한 경우에 인사청문위원회의 의결로 공개하지 아니할 수 있다.

제7조(비밀유지 및 주의의무) 인사청문위원회 위원과 관계 공무원 등은 인사청문회 과정에서 알게 된 인사청문 대상자에 대한 자료와 정보를 비밀로 유지하여야 하며, 제3자에게 공개 또는 유출해서는 아니 된다.

제8조(협약의 변경) 이 협약의 변경은 상호 합의에 따른다.

제9조(협약의 시행) 본 협약은 체결과 동시에 시행한다.

본 협약의 성실한 이행을 약속하기 위하여 2부를 작성하고 서명한 후 각각 1부씩 보관한다.

4) 광주광역시의회

윤장현 광주시장 재직 당시 시장 측근으로 불리는 사람들을 잇달아 산하기관에 채용해 '제사람 심기'에 열을 올리고 있다는 비판적 여론이 있었다. 그런 가운데 광주시는 향후 산하기관장을 임명할 때 시장이 내정한 후보자를 대상으로 인사청문회를 도입하기로 했다. 2015년 2월 25일 광주시장과 광주시의회 의장이 '광주광역시 지방공기업 등의 장에 대한 인사청문 업무협약'을 체결하면서 본격 도입되었다. 광주시가 주도적으로 인사청문회 도입에 나선 이유는 시 산하기관장과 출자·출연기관에 상당수의 사람이 능력이나 전문성과 무관하게 시장 측근 인사 등으로 채워져 이로 인한 잡음과 비난 여론이 끊이지 않는다는 지적이 높았기 때문이다.[14] 대상기관은 광주광역시도시공사, 광주광역시도시철도공사, 김대중컨벤

---

14) 아주경제, 2015.01.20, '측근 심기' 논란 광주시, 산하기관장 인사청문회 도입키로.

션센터, 광주환경공단, 빛고을노인복지재단, 광주여성재단, 광주문화재단, 광주신용보증재단 등 총 8개이고, 기관의 특성과 규모 등을 고려하여 추후 확대될 수 있도록 상호 노력하기로 했다. 현재 적용되고 있는 협약의 내용을 살펴보면 다음과 같다.

표 4-11 광주광역시 지방공기업 등의 장에 대한 인사청문 업무협약서

광주광역시 지방공기업 등의 장에 대한 임명과 관련, 능력과 자격을 갖춘 우수한 인재를 영입하기 위하여 인사청문을 실시하고자 광주광역시와 광주광역시의회는 다음과 같이 업무협약을 체결한다.

제1조(목적) 본 협약은 임명권자가 인사청문을 요청한 광주광역시 지방공기업 등의 장에 대하여 임명 전 광주광역시의회가 인사청문을 실시하기 위하여 필요한 사항 등을 규정함을 목적으로 한다.

제2조(인사청문 대상) 본 협약에 적용되는 인사청문 대상자는 시장이 시의회에 인사청문을 요청한 자를 대상으로 한다.

제3조(인사청문) 광주광역시와 광주광역시의회는 다음 각 호의 내용에 따른 인사청문이 효율적으로 추진될 수 있도록 협력한다. 다만, 청문대상은 8개 기관부터 우선 실시하고, 기관의 특성과 규모 등을 고려하여 추후 확대될 수 있도록 상호 노력한다.

 1. 청문대상 : 광주광역시도시공사, 광주광역시도시철도공사, 김대중컨벤션센터, 광주환경공단, 빛고을노인복지재단, 광주여성재단, 광주문화재단, 광주신용보증재단
 2. 청문주체 : 광주광역시의회 − 특별위원회 구성
 3. 청문실시 : 인사청문 요청일로부터 10일 이내
 4. 진행방법 : 자기소개 및 직무수행계획 설명 후 질의응답
 5. 결과송부 : 인사청문회를 마친 후 5일 이내 '경과보고서'를 본회의에 보고하고, 그 결과를 즉시 시장에게 송부 / 종합의견(장·단점) 기재
 6. 제출서류
  가. 직무수행계획서

　나. 직업·학력·경력에 관한 사항

　다. 「공직자등의 병역사항 신고 및 공개에 관한 법률」의 규정에 의한 병역
　　　신고사항

　라. 「공직자윤리법」 제10조의2제2항의 규정에 의한 재산신고사항

　마. 최근 5년간의 소득세·재산세·종합토지세의 납부 및 체납 실적에 관한
　　　사항

　바. 범죄경력에 관한 사항

　사. 인사청문회 공개동의서

　아. 기타 광주광역시의회에서 요청한 관계 서류

제4조(협약의 변경) 본 협약내용에 변경사유가 발생할 경우 상호 협의하여 변경하여야 한다.

제5조(자료요구) 인사청문 대상자는 협약서 제3조 제6호의 서류를 임명권자의 인사청문 요청일까지 제출하고, 이와 관련한 추가 자료 요청에 성실히 응해야 한다.

제6조(비밀유지 및 주의의무) ① 광주광역시의회는 공개적으로 얻을 수 있는 정보를 제외한 본 협약에 의한 청문절차 이행과정에서 알게 된 청문대상자에 대한 자료와 정보를 비밀로 유지하여야 하며, 인사청문을 통하여 알게 된 비밀을 제3자에게 공개·배포 또는 유출해서는 아니 된다.

② 광주광역시의회는 허위사실임을 알고 있음에도 진실인 것을 전제로 하여 발언하거나 위협적 또는 모욕적인 발언을 하여서는 아니 된다.

제7조(협약기간) 본 협약은 협약일로부터 그 효력이 발생하며, 협약기관 상호간 특별한 의사표시가 없는 한 협약은 지속되는 것으로 한다.

본 협약의 성실한 이행을 약속하기 위하여 2부를 작성하고 서명날인한 후 각 1부씩 보관한다.

5) 울산광역시의회

울산광역시의회는 울산시와 2018년 10월 초부터 '인사청문회 제도 도입 협의회'를 구성하고 몇 차례 회의를 개최하면서 상호 협의 과정을 진행

했다. 그 결과 약 두 달 뒤인 2018년 12월 12일에 울산광역시의회 황세영 의장과 송철호 울산광역시장 간 '울산광역시 지방공기업 등의 장에 대한 인사청문회 실시 협약'을 체결하면서 인사청문회가 본격 도입되었다. 인사청문 대상은 울산시설공단, 울산도시공사, 울산발전연구원, 울산경제진흥원의 장 등 총 4개 기관으로 하되, 추후 대상기관 확대는 상호 협의에 의하도록 했다. 현재 적용되고 있는 협약의 내용을 살펴보면 다음과 같다.

표 4-12 울산광역시 지방공기업 등의 장에 대한 인사청문회 실시 협약서

울산광역시의회(이하 "의회"라 한다)와 울산광역시(이하 "시"라 한다)는 지방공기업 등의 장으로서 능력과 자질을 갖춘 인재의 임용을 위하여 후보자에 대한 인사청문회를 실시하기로 합의하고 다음과 같이 협약을 체결한다.

제1조(목적) 이 협약은 지방공기업의 장 등을 임용함에 있어 후보자에 대한 인사청문회 실시에 필요한 사항을 규정함을 목적으로 한다.
제2조(인사청문회 대상) 이 협약에 따른 인사청문의 대상은 울산시설공단, 울산도시공사, 울산발전연구원, 울산경제진흥원의 장으로 하며, 추후 대상기관 확대는 상호 협의에 의한다.
제3조(인사청문회 요청) ① 울산광역시장(이하 "시장"이라 한다)은 제2조에 따른 인사청문대상자(이하 "임용후보자"라 한다)를 지명한 때에는 의회에 인사청문을 요청한다.
② 시장은 인사청문을 요청할 경우에는 임용후보자의 동의 및 제출을 받다 다음 각 호의 서류를 첨부한다. 다만, 증빙서류를 첨부하지 못하는 경우에는 그 사유서를 제출한다.
  1. 직무수행계획서 및 자기소개서
  2. 직업, 학력, 경력에 관한 사항
  3. 「공직자 등의 병역사항 신고 및 공개에 관한 법률」에 의한 병역 신고 사항
  4. 「공직자윤리법」에 의한 재산신고 사항

5. 최근 5년간 소득세, 재산세, 종합토지세의 납부 또는 체납실적에 관한 사항

6. 범죄경력에 관한 사항

7. 인사청문회 경과보고서 공개에 대한 동의서

제4조(인사청문특별위원회 구성 및 운영 등) ① 의회는 제3조의 인사청문 요청서가 접수되면 인사청문특별위원회(이하 "위원회"라 한다)를 구성한다.

② 인사청문특별위원회 위원장(이하 "위원장"이라 한다)은 인사청문회를 운영하여 임용후보자의 능력과 자질 등을 질의와 답변으로 검증하고, 필요한 경우 자료요구와 서면질의를 병행할 수 있다. 이때 인사청문회의는 차수 변경 없이 1인 1일로 한다.

③ 위원장은 인사청문 경과보고서를 작성하여 본회의에 보고하고, 의장은 그 경과보고서를 시장에게 송부한다. 다만, 인사청문을 마친 후 폐회 또는 휴회 등의 사유로 위원장이 인사청문 경과보고서를 본회의에 보고할 수 없을 때는 위원장은 이를 의장에게 보고한다.

제5조(경과보고서의 효력) ① 시장은 인사청문 경과보고서를 참작하여 임용후보자의 임명 여부를 결정하되, 인사청문 경과보고서는 시장의 임명권한을 기속하지 아니한다.

② 시장은 제3조의 인사청문 요청서가 의회에 접수 후 10일이 경과하여도 인사청문 경과보고서가 송부되지 아니할 때에는 임용후보자를 임용할 수 있다.

제6조(인사청문 결과의 공개) 인사청문 경과보고서는 공개를 원칙으로 한다. 다만, 「공공기관의 정보공개에 관한 법률」 제9조제1항 각 호의 어느 하나에 해당하는 정보는 공개하지 아니할 수 있다.

제7조(비밀유지 등) 위원회의 위원 및 관계공무원 등은 인사청문 과정에서 알게 된 자료와 정보 등은 비밀을 유지하고 제3자에게 유출하여서는 아니 된다.

제8조(협약의 변경 등) 이 협약의 변경 등에 관해서는 상호 협약에 의한다.

이 협약은 체결된 날부터 시행하고 성실한 이행을 위하여 서명한 후 각각 1부씩 보관한다.

6) 경기도의회

경기도의회는 남경필 전 경기도지사의 공약사항으로 인사청문회 도입이 이뤄졌다. 2014년 경기도와 경기도의회는「경기도 연합정치 실현을 위한 정책협의회 합의문」제16항에 인사청문회 도입을 위한 근거를 다음과 같이 마련했다.

> "인사혁신을 실현하기 위한 기구를 만들고 △고위공무원 및 공공기관 장에 대한 인사청문회 실시 △산하 공공기관의 효율적 경영을 위한 채용시스템(민간전문가, 공무원) 마련 △산하 공공기관의 경영합리화(조직 슬림화, 인력 효율성, 공공기관 통폐합 등)와 성공적인 공약실행을 위한 도 조직개편 등을 추진한다."

이 합의문에 따라 경기도와 경기도의회는 2014년 8월 29일, '경기도 공공기관장 인사청문 업무협약'을 체결하면서 인사청문회가 본격 도입되었다. 이 협약에는 경기도시공사, 경기신용보증재단, 경기개발연구원, 경기문화재단, 경기 중소기업 종합 지원센터, 경기과학기술진흥원 등 총 6개 기관이 최초 인사청문 대상이었으나 점차 그 대상을 확대해 왔다. 약 1년 6개월 뒤인 2016년 1월「경기도의회 기본조례」제10조에 '의회는 경기도 부단체장 등 고위직과 지방공사 등 공공기관장에 대하여 전문성과 도덕성을 겸비한 유능한 인재 채용, 후보자 임용의 정당성 부여, 도민의 알권리 충족을 위하여 인사청문회 제도가 정착되도록 적극 노력하여야 한다'는 선언적 의미의 조항을 신설했다.

2020년 11월 3일에는 이재명 전 경기도지사, 장현국 경기도의회 의장, 박근철 경기도의회 더불어민주당 대표의원 3자 간 합의로 기존 협약을 개정해 인사청문대상을 15개 기관으로 대폭 확대했다. 협약 당사자로 다수당의 교섭단체 대표의원이 참여한 점은 다른 지방의회와 차별화되는 점이라 할 수 있다. 현재 적용되고 있는 협약의 내용을 살펴보면 다음과 같다.

표 4-13 경기도 공공기관장 인사청문 업무협약서

경기도(이하 '도'라 한다)와 경기도의회(이하 '도의회'라 한다)는 도 공공기관의 장을 임명함에 있어 능력과 자격을 갖춘 우수 인재를 영입하기 위하여 인사청문을 실시하고자 다음과 같이 업무 협약을 체결한다.

제1조(목적) 본 협약은 임명권자가 인사청문을 요청한 도 공공기관의 장에 대하여 임용 전 도의회 인사청문 실시를 위해 필요한 사항을 규정함을 목적으로 한다.

제2조(운용원칙) 도와 도의회는 도 공공기관 임용 후보자의 정책능력 검증을 위한 인사청문을 시행하며 청문 절차는 도와 도의회 교섭단체가 합의·작성한 매뉴얼에 따라 운용한다.

제3조(인사청문) 도와 도의회는 다음 각 호의 내용이 효율적으로 추진될 수 있도록 협력한다. 다만, 기관장 연임 시는 제외하고, 청문 대상은 추후 기관 신설시 상호 협의하여 확대할 수 있도록 노력한다.

1. 청문대상 : 15개 기관

   경기연구원, 경기도경제과학진흥원, 경기신용보증재단, 경기도일자리재단, 경기주택도시공사, 경기문화재단, 경기아트센터, 경기관광공사, 경기콘텐츠진흥원, 경기도평생교육진흥원, 경기농식품유통진흥원, 경기복지재단, 경기도시장상권진흥원, 경기교통공사, 경기환경에너지진흥원

2. 청문주체 : 도의회

3. 청문실시 : 임명권자의 청문요청일부터 7일 이내에 8시간 범위 내에서 실시

4. 진행방법 : 자기소개 및 직무수행계획 설명 후 질의응답

5. 결과송부 : 도의회는 청문 요청일로부터 10일 이내 청문결과를 임명권자에게 송부하며, 미송부시 기관장 임명 가능

6. 운영 및 제출서류 : [붙임] 인사청문 운영 매뉴얼 참조

제4조(협약의 변경) 본 협약내용에 변경사유가 발생할 경우 상호 합의에 의하여 변경할 수 있다.

제5조(자료 요구권) 인사청문 대상자는 협약서 제3조 제6호의 서류를 제출하고, 이와 관련 추가 자료요청 시 성실히 제출한다.

제6조(비밀유지 및 주의의무) 양자는 공개적으로 얻을 수 있는 정보를 제외하고는 이 협약에 의한 청문절차 이행과정에서 알게 된 청문 대상자의 정보와 자료는 비밀로 유지하여야 하며, 이를 제3자에게 공개, 배포 또는 유출해서는 아니된다. 또한 양자는 허위사실임을 알고 있음에도 진실인 것을 전제로 하여 발언하거나 위협적 또는 모욕적인 발언을 하여서는 아니 된다.

제7조(협약기간) 본 협약은 협약일로부터 그 효력이 발생하며 협약기관 상호 간 특별한 의사표시가 없는 한 협약은 지속되는 것으로 한다.

본 협약의 성실한 이행을 위하여 협약서 3부를 작성하고 서명한 후 각 1부씩 보관한다.

7) 강원도의회

강원도의회는 2015년 3월 김시성 강원도의회 의장의 인사청문회 도입 제안을 최문순 강원도지사가 적극 수용하면서 급물살을 탔다. 이후 약 3개월간의 협의 과정을 거쳐 2015년 7월 1일 김시성 의장과 최문순 지사 간 '도 산하기관 등의 장에 대한 인사청문회 실시 협약'을 체결하면서 인사청문회가 본격 도입되었다. 인사청문 대상기관은 강원신용보증재단이사장, 강원도립대학총장, 강원연구원장, 한국여성수련원장, 동해안권경제자유구역청장, 강원테크노파크원장 등 총 6개 기관이다. 현재 적용되고 있는 협약의 내용을 살펴보면 다음과 같다.

표 4-14 도 산하기관 등의 장에 대한 인사청문회 실시 협약서

강원도지사와 강원도의회는 강원도 산하기관 등의 장(이하 '산하기관 등의 장'이라 한다)에 우수한 능력과 자질을 갖춘 인재를 임명하기 위해 인사청문회를 실시키로 합의하고 다음과 같이 협약을 체결한다.

제1조(목적) 본 협약은 산하기관 등의 장을 임명함에 있어 인사청문회 실시에 필요한 사항을 규정함을 목적으로 한다.

제2조(인사청문 대상) 본 협약에 의한 인사청문의 대상이 되는 산하기관 등의 장은 별표1과 같다.

제3조(인사청문특별위원회) 의회는 인사청문회를 실시하기 위하여 인사청문특별위원회(이하 "위원회"라 한다)를 둔다.

제4조(인사청문의 요청) ① 도지사는 제2조에 따른 산하기관 등의 장을 임명하고자 할 때에는 관계법령에 따라 적합한 자를 선정하여 임명 전에 도의회에 인사청문을 요청하여야 한다. 다만, 연임의 경우에는 그러하지 아니하다.

② 도지사가 인사청문을 요청할 경우에는 별지1 서식의 인사청문 요청서와 함께 인사청문 대상자에 대한 다음 각호의 사항에 관한 증빙서류를 첨부하여야 한다. 다만, 증빙서류를 첨부하지 못하는 사항에 대하여는 그 사유서를 제출하여야 한다.

 1. 직업·학력·경력에 관한 사항
 2. 「공직자 등의 병역사항 신고 및 공개에 관한 법률」의 규정에 따른 병역신고사항
 3. 「공직자윤리법」 제10조의2제2항의 규정에 따른 재산신고사항
 4. 최근 5년간 소득세·재산세·종합토지세의 납부 또는 체납 실적에 관한 사항
 5. 범죄경력에 관한 사항
 6. 인사청문회 공개 동의서
 7. 직무수행계획서

제5조(인사청문 요청서의 회부 등) ① 도의회 의장은 인사청문 요청서가 도의회에 제출되면 지체 없이 본회의에 보고하고 위원회에 회부하여야 한다. 다만, 폐회 또는 휴회 등으로 본회의에 보고할 수 없을 때에는 이를 생략하고 회부할 수 있다.

② 인사청문회의 기간은 1일 이내로 하고, 인사청문 요청서가 위원회에 회부된 날부터 10일 이내에 마쳐야 한다.

제6조(인사청문회의 운영 등) ① 위원회는 인사청문 대상자를 출석하게 하여 선서, 자기소개 및 직무수행계획에 대한 설명을 들은 뒤 청렴성, 도덕성, 비

전 등 직무수행과 관련된 사항에 대하여 질의하고 답변과 의견을 청취하는 방식으로 운영한다.

② 인사청문회의 기간은 1일 이내로 하고, 인사청문 요청서가 위원회에 회부된 날부터 10일 이내에 마쳐야 한다.

③ 위원회의 위원이 질의하고자 하는 경우에는 질의요지서를 구체적으로 작성하여 인사청문회 개회 48시간 전까지 위원장에게 제출하여야 한다. 이 경우 위원장은 지체없이 질의요지서를 인사청문 대상자에게 송부하여야 한다.

④ 위원은 서면질의를 할 수 있다. 이 경우 질의서는 위원장에게 제출하고 위원장은 인사청문회 개회 5일전까지 질의서가 인사청문 대상자에게 도달되도록 송부하여야 하며, 인사청문 대상자는 인사청문회 개회 48시간 전까지 위원장에게 답변서를 제출하여야 한다.

⑤ 위원장은 인사청문회를 마친 날부터 3일 이내에 인사청문회 경과보고서(이하 "경과보고서"라 한다)를 작성하여 본회의에 보고하여야 한다.

제7조(경과보고서의 송부) ① 도의회 의장은 제5조제5항의 규정에 의한 본회의 보고가 이루어지면 별지2 서식의 경과보고서를 지체 없이 도지사에게 송부하여야 한다.

② 도지사는 경과보고서가 제5조제2항에서 정한 기간 이내에 도의회로부터 송부되지 아니한 경우에는 의견이 없는 것으로 간주한다.

제8조(경과보고서의 효력) 도지사는 경과보고서를 참작하여 인사청문 대상자의 임명여부를 결정하되 청문결과는 관계법령이 규정하고 있는 도지사의 임명권한을 기속하지 아니한다.

제9조(인사청문회의 공개) 인사청문회는 공개를 원칙으로 한다. 다만, 다음 각 호의 어느 하나에 해당하는 경우에는 위원회의 의결로 공개하지 아니한다.

1. 군사·외교 등 국가기밀에 관한 사항으로서 국가의 안전보장을 위하여 필요한 경우

2. 개인의 명예나 사생활을 부당하게 침해할 우려가 명백한 경우

3. 기업 및 개인의 적법한 금융 또는 상거래 등에 관한 정보가 누설될 우려가 있는 경우

4. 계속(繫屬)중인 재판 또는 수사 중인 사건의 소추에 영향을 미치는 정보가 누설될 우려가 명백한 경우

5. 그 밖에 다른 법령에 따라 비밀이 유지되어야 하는 경우로서 비공개가 필요하다고 판단되는 경우

제10조(비밀유지 및 주의의무) ① 위원이나 사무보조자는 인사청문 운영과정에서 알게 된 인사청문 대상자에 대한 자료와 정보를 비밀로 유지하여야 하며, 제3자에게 공개 또는 유출해서는 아니된다.

② 위원은 허위 사실임을 알고 있음에도 진실인 것을 전제로 하여 발언하거나 인사청문 대상자에 대해 위협적이거나 모욕적인 발언을 해서는 아니된다.

제11조(협약의 변경) 본 협약의 변경은 상호 합의에 의한다.

제12조(협약의 적용) 본 협약에 따른 인사청문은 2016년 1월 1일 이후 임명하는 별표1의 산하기관 등의 장부터 적용하며, 점차 인사청문 대상을 확대해 나간다.

본 협약의 성실한 이행을 약속하기 위하여 2부를 작성하고 서명날인한 후 각 1부씩 보관한다.

8) 충청북도의회

충청북도의회는 정선배 의장의 제안으로 인사청문회 제도 도입을 위한 T/F를 구성해 타 지방의회 사례 벤치마킹 등을 통해 인사청문회 운영에 대한 기준과 계획을 마련해 나갔다. 당시 T/F 단장을 맡은 김영주 운영위원장은 2019년 3월 15일 제371회 제2차 본회의에서 인사청문회 제도 도입을 촉구하는 5분 자유발언을 통해 이시종 충북도지사에게 공개 제안을 했다. 이후 약 6개월간의 협의 과정을 거쳐 장선배 충북도의회 의장과 이시종 충북도지사가 '충청북도 공기업 및 출자·출연기관장 인사청문 협약'을 체결하면서 본격 도입되었다. 이 협약에 따른 인사청문 대상기관은 충북연구원, 청주의료원, 충북테크노파크, 충북개발공사 등 총 4개 기관이다. 인사청문은 도덕성 검증과 전문성·정책검증으로 구분해 전자는 비공개, 후자는 공개하는 형식으로 합의했다. 현재 적용되고 있는 협약의 내용을 살펴보면 다음과 같다.

표 4-15   충청북도 공기업 및 출자 · 출연기관장 인사청문 협약서

충청북도의회(이하 "도의회"라 한다)와 충청북도(이하 "도"라 한다)는 도 공기업 및 출자 · 출연기관(이하 "출자 · 출연기관"이라 한다)의 장을 임명함에 있어 능력과 자격을 갖춘 우수 인재를 영입하기 위하여 인사 청문을 실시하고자 다음과 같이 업무협약을 체결한다.

제1조(목적) 본 협약은 도지사가 인사 청문을 요청한 도 출자 · 출연기관의 장에 대하여 임용 전 도의회 인사 청문 실시를 위한 절차 등을 규정함을 목적으로 한다.

제2조(운용원칙) 도의회와 도는 도 출자 · 출연기관장에 대해 도덕성 검증(비공개)과 전문성 · 정책 검증(공개)을 위한 위원회 청문 절차는 양 기관이 합의 · 작성한 매뉴얼에 따라 운용한다.

제3조(인사 청문) 도와 도의회는 다음 각호의 내용이 효율적으로 추진될 수 있도록 협력한다. 다만, 청문대상은 4개 기관으로 우선 실시하고 추후 확대될 수 있도록 서로 노력하며, 청문 대상 기관 중 인사 청문을 거치지 않은 기관의 장이 연임하는 경우 인사 청문을 실시할 수 있다.

  가. 청문대상 : 충북연구원, 청주의료원, 충북테크노파크, 충북개발공사
  나. 청문주체 : 도의회
  다. 청문요청 : 도지사는 청문대상 기관의 장을 임명하기 전에 도의회에 인사청문 요청을 하여야 한다.
  라. 청문실시 : 청문 요청일로부터 15일 이내에 1일 실시한다.
  마. 진행방법 : 자기소개 및 직무수행계획 설명 후 질의응답
  바. 청문결과 송부 : 도의회는 청문 요청일로부터 15일 이내 청문결과를 도지사에게 송부한다.
  사. 제출서류 : 도 출자 · 출연기관장 인사 청문 운영 매뉴얼 참조

제4조(협약의 변경) 본 협약내용에 변경사유가 발생할 경우 상호 합의에 의하여 변경할 수 있다.

제5조(자료 요구권) 인사 청문 대상자는 협약서 제3조 사목의 서류를 제출하고, 이와 관련 추가 자료 요청 시 성실히 제출한다.

제6조(비밀유지 및 주의의무) 양자는 공개적으로 얻을 수 있는 정보를 제외하고는 이 협약에 의한 인사 청문 절차 이행과정에서 알게 된 정보와 자료는 비밀로 유지하여야 하며, 인사 청문 대상자에게 위협적이거나 모욕적인 발언을 하여서는 아니 된다.

제7조(협약기간) 본 협약은 협약일로부터 그 효력이 발생하며 협약기관 상호 간 특별한 의사표시가 없는 한 협약은 지속되는 것으로 한다.

본 협약의 성실한 이행을 위하여 협약서 2부를 작성하고 서명한 후 각 1부씩 보관한다.

9) 충청남도의회

충남도의회는 2018년부터 행정 서비스 수준 제고와 단체장 인사권 행사의 투명성을 확보하기 위해 충남도 산하 출자·출연기관에 대한 인사청문회 도입이 필요하다는 의견을 양승조 도지사에게 지속적으로 제안했다. 그 결과 양승조 충남도지사는 충남도의회의 인사청문회 도입 제안을 받아들이기로 결정했다. 이에 따라 2018년 9월 14일 유병국 의장과 양승조 도지사 간 '충청남도·충청남도의회 인사 청문 협약'을 체결하면서 인사청문회가 본격 도입되었다. 2021년 2월 4일, 충남도의회 김명선 의장과 양승조 충남도지사는 인사청문회 대상기관을 기존 7곳에서 10곳으로 확대 시행하는 내용의 협약을 다시 체결했다. 이에 따라 현재 인사청문 대상기관은 기존 충남개발공사 사장, 충남연구원장, 천안의료원장, 공주의료원장, 서산의료원장, 홍성의료원장, 충남교통연수원장에 충남사회서비스원, 충남문화재단, 충남여성정책개발원 등 3곳을 추가해 총 10개이다. 2018년 9월 14일 체결한 협약의 내용을 살펴보면 다음과 같다.

표 4-16 충청남도 · 충청남도의회 인사청문 협약서

충청남도와 충청남도의회는 능력과 자격을 갖춘 우수한 인재를 충청남도 공공기관의 장으로 임명하기 위한 인사청문을 실시하기 위하여 다음과 같이 업무 협약을 체결한다.

제1조(목적) 본 협약은 임명권자가 인사청문을 요청한 충청남도 공공기관의 장에 대하여 임용 전에 충청남도의회가 인사청문을 실시하기 위한 절차 등을 규정함을 목적으로 한다.

제2조(운용원칙) 충청남도와 충청남도의회는 충청남도 공공기관의 장에 대한 인사청문을 실시하되 청문회는 공개를 원칙으로 한다.

제3조(인사청문) 충청남도와 충청남도의회는 다음 각 호의 내용이 효율적으로 추진될 수 있도록 협력한다. 다만, 인사청문은 7개 기관의 장을 대상으로 우선 실시하고 추후 확대될 수 있도록 서로 노력한다.

 가. 청문대상 : 충남개발공사 사장, 충남연구원장, 천안의료원장, 공주의료원장, 서산의료원장, 홍성의료원장, 충남교통연수원장

 나. 청문주체 : 충청남도의회

 다. 청문실시 : 임명권자의 청문 요청을 받은 날부터 20일 이내에 인사청문회 보고서를 임명권자에게 송부하여야 한다. 이때 차수 변경 없이 1일 이내에 마치기로 한다.

 라. 진행방법 : 인사청문회는 후보자의 경영능력, 업무수행 능력 등과 관련된 사항에 대하여 질의하고 답변하는 형식으로 진행한다.

 마. 제출서류 : 첨부 자료 참조

제4조(협약의 변경) 본 협약내용에 변경사유가 발생할 경우 상호 합의에 의하여 변경할 수 있다.

제5조(자료 요구권) 인사청문 대상자는 협약서 제3조 마목의 서류를 제출하고, 이와 관련된 자료의 추가 요청이 있는 경우에 성실히 제출한다.

제6조(비밀유지 및 주의의무) 양자는 공개적으로 얻을 수 있는 정보를 제외하고는 이 협약에 의한 청문절차 이행과정에서 알게 된 청문대상자의 정보와 자료는 비밀로 유지하여야 하며, 이를 제3자에게 공개, 배포 또는 유출시키지

아니한다.

제7조(협약기간) 본 협약은 협약일부터 그 효력이 발생하며 협약기관 사이에 특별한 의사표시가 없는 한 협약은 지속되는 것으로 본다.

본 협약의 성실한 이행을 위하여 협약서 2부를 작성하여 서명한 후 각 1부씩 보관한다.

10) 전라북도의회

2018년 10월부터 전라북도의회는 인사청문회 제도를 도입하고자 운영위원장을 포함한 도의원과 법률가·시민단체·학계 등 총 9명의 T/F팀을 구성해 논의를 거듭해왔다. 그 결과 2019년 1월 16일 송하진 지사와 전북도의회 송성환 의장이 '전라북도 산하기관 등의 장 후보자에 대한 인사청문 실시 협약'을 체결하면서 본격 도입되었다.

이 협약에 따른 인사청문 대상기관은 전북개발공사, 전북신용보증재단, 전북연구원, 전라북도문화관광재단, 전라북도군산의료원 등 5개 기관부터 우선 실시하고, 기관의 특성과 규모 등을 고려하여 추후 대상기관을 확대해 나가도록 했다.

다른 지방의회보다 도입시기가 늦었던 전라북도의회는 비교적 순조롭게 추진되었다. 그러나 협약 이후 전북신용보증재단 이사장과 군산의료원장의 연임 과정에서 인사청문회를 개최하지 않고 송하진 지사가 이들을 임명함에 따라 전라북도의회와 전라북도 간 갈등이 발생하기도 했다. 이는 협약의 내용에 최초 임명 시에만 적용되는지, 연임의 경우 예외가 되는지 등에 관한 사항이 규정되어 있지 않아 발생한 갈등이다.[15] 현재 적용되고 있는 협약의 내용을 살펴보면 다음과 같다.

---

15) 전북도민일보, 2020.06.10., "김정수 전북도의원 출연기관장 인사청문회 패싱 질타"

표 4-17   전라북도 산하기관 등의 장 후보자에 대한 인사청문 실시 협약서

전라북도와 전라북도의회는 전라북도 산하 지방공기업, 출자·출연기관 등의 장(이하 "지방공기업 등의 장"이라 한다)에 우수한 능력과 자질을 갖춘 인재를 임명하기 위해 인사청문을 실시키로 합의하고 다음과 같이 협약을 체결한다.

제1조(목적) 본 협약은 산하기관 등의 장을 임명함에 있어 인사청문 실시에 필요한 사항을 규정함을 목적으로 한다.

제2조(인사청문 대상) 본 협약에 따라 인사청문의 대상이 되는 산하 기관 등의 장은 전북개발공사, 전북신용보증재단, 전북연구원, 전라북도문화관광재단, 전라북도군산의료원 등 5개 기관부터 우선 실시하고, 기관의 특성과 규모 등을 고려하여 추후 대상기관을 확대해 나가도록 상호 노력한다.

제3조(인사청문의 요청) ① 도지사 또는 전북연구원 이사장(이하 임용권자)은 제2조에 따른 산하기관 등의 장을 임명하고자 할 때에는 관계법령에 따라 적합한 자를 선정하여 임명 전에 도의회에 인사청문을 요청하여야 한다. 다만, 연임의 경우에는 그러하지 아니한다.

② 도지사가 인사청문을 요청할 경우에는 별지1 서식의 인사청문 요청서와 함께 인사청문 대상자에 대한 다음 각 호의 증빙서류를 첨부하여야 한다. 다만, 증빙서류를 첨부하지 못하는 경우에는 그 사유서를 제출하여야 한다.

1. 자기소개서
2. 직무수행계획서
3. 직업·학력·경력에 관한 사항
4. 「공직자 등의 병역사항 신고 및 공개에 관한 법률」의 규정에 따른 병역신고사항
5. 「공직자윤리법」 제10조의2제2항에 따른 재산신고사항
6. 최근 5년간 소득세·재산세·종합토지세의 납부 또는 체납 실적에 관한 사항
7. 범죄경력에 관한 사항
8. 주소 이력(주민등록 초본 등)
9. 개인정보 제공 동의서

10. 인사청문회 공개 동의서

11. 그 밖의 의회에서 요청하는 자료

제4조(인사청문 요청서의 회부 등) ① 도의회 의장은 인사청문 요청서가 도의회에 제출되면 지체 없이 본회의에 보고하고 제2조에 규정된 산하기관 등의 장이 소속된 기관을 관할하는 상임위원회(이하 "위원회"라 한다)에 회부하여야 한다. 다만, 폐회 또는 휴회 등으로 본회의에 보고할 수 없을 때에는 이를 생략하고 회부할 수 있다.

② 도의회는 인사청문 요청서가 제출된 날부터 10일 이내(공휴일 제외)에 인사청문을 마쳐야 한다.

제5조(인사청문위원회 구성) ① 인사청문 요청서가 회부되면, 소관 상임위원회는 소관 상임위원 전원과 의장이 추천하는 3명 이내의 도의회 의원으로 인사청문위원회를 즉시 구성하여야 한다.

② 인사청문위원회 위원장과 부위원장은 소관 상임위원회 위원장과 부위원장으로 하고, 보좌 전문위원은 소관 상임위원회 보좌 전문위원으로 한다.

제6조(인사청문회의 운영 등) ① 인사청문위원회는 인사청문회를 1차(도덕성 검증), 2차(업무능력 검증) 청문회로 분리하여 실시하며, 인사청문 대상자를 출석하게 하여 선서, 자기소개 및 직무수행계획에 대한 설명을 들은 뒤 경영 능력, 전문성, 자질 등 직무수행과 도덕성 등에 관하여 질의하고 답변을 청취하는 방식으로 운영한다.

② 인사청문회의 기간은 1일 이내로 하고, 인사청문 요청서가 위원회에 회부된 날부터 7일 이내에 마쳐야 한다.

③ 위원이 질의하고자 하는 경우에는 질의요지서를 구체적으로 작성하여 인사청문회 개회 48시간 전까지 위원장에게 제출하여야 한다. 이 경우 위원장은 지체 없이 질의 요지서를 인사청문 대상자에게 송부하여야 한다.

④ 위원은 서면질의를 할 수 있다. 이 경우 질의서는 위원장에게 제출하고 위원장은 인사청문회 개회 5일 전까지 질의서가 인사청문 대상자에게 도달되도록 송부하여야 하며, 인사청문 대상자는 인사청문회 개회 48시간 전까지 위원장에게 답변서를 제출하여야 한다.

⑤ 위원장은 인사청문회를 마친 날부터 2일 이내에 인사청문 경과보고서(이하 "경과보고서"라 한다)를 작성하여 본회의에 보고하여야 한다.

제7조(경과보고서의 송부) ① 도의회 의장은 제6조제5항의 규정에 의한 본회의 보고가 이루어지면 경과보고서를 지체 없이 도지사에게 송부하여야 한다. 다만, 폐회 또는 휴회 등으로 위원장이 본회의에 보고 할 수 없을 때에는 위원장은 도의회 의장에게 보고학, 도의회 의장은 경과보고서를 도지사에게 송부하여야 한다.
② 도지사는 경과보고서가 제4조제2항에서 정한 기간 이내에 도의회로부터 송부되지 아니한 경우에는 의견이 없는 것으로 간주한다.
제8조(경과보고서의 효력) 도지사는 경과보고서를 참작하여 인사청문 대상자의 임명 여부를 결정하되, 청문결과는 관계법령이 규정하고 있는 도지사의 임명권한을 기속하지 아니한다.
제9조(인사청문회의 공개) 인사청문회는 도덕성 검증은 비공개로 진행하고 업무 능력검증은 공개를 원칙으로 한다. 다만, 국방, 외교 등 비밀유지가 필요한 경우에 위원회의 의결로 공개하지 아니할 수 있다.
제10조(비밀유지 및 주의의무) ① 위원이나 사무보조자는 인사청문 운영과정에서 알게 된 인사청문 대상자에 대한 자료와 정보를 비밀로 유지하여야 하며, 제3자에게 공개 또는 유출해서는 아니 된다.
② 위원은 허위 사실임을 알고 있음에도 진실인 것을 전제로 하여 발언하거나 인사청문 대상자에 대해 위협적이거나 모욕적인 발언을 해서는 아니 된다.
제11조(협약의 변경) 본 협약의 변경은 상호 합의에 의한다.
제12조(위임 규정) 본 협약에서 정하지 않은 인사청문 운영에 관한 사항은 인사청문위원회의결로 정한다
제13조(협약의 적용) 본 협약은 체결과 동시에 시행 한다.

본 협약의 성실한 이행을 약속하기 위하여 2부를 작성하고 서명날인한 후 각 1부씩 보관한다.

11) 전라남도의회

전라남도의회는 2014년 명현관 의장이 인사청문회 필요성을 강조하면서 당시 이낙연 도지사에게 먼저 도입 제안을 했다. 이후 5분 자유발언,

도정질문 등 과정에서 전라남도의원들의 요구가 이어졌고 몇 차례의 실무
협의가 진행되었다. 이낙연 지사가 전라남도의회의 제안을 전격 수용하면
서 급물살을 탔다. 2015년 1월 28일, 이낙연 도지사와 명현관 의장 간
'지방공기업 등의 장에 대한 인사청문실시 협약'을 체결하면서 본격 도입
되었다. 이 협약에 따른 인사청문 대상기관은 자산·인력규모 및 업무 비
중을 감안해 전남개발공사, 전남발전연구원, 전남생물산업진흥원, 전남복
지재단, 전남신용보증재단 등 총 5개 기관으로 정했다. 현재 적용되고 있
는 협약의 내용을 살펴보면 다음과 같다.

표 4-18   지방공기업 등의 장에 대한 인사청문실시 협약서

전라남도지사와 전라남도의회는 전라남도 산하 지방공기업, 출자·출연기관
등의 장(이하 '지방공기업 등의 장'이라 한다)에 우수한 능력과 자질을 갖춘
인재를 임명하기 위해 인사청문을 실시키로 합의하고 다음과 같이 협약을 체
결한다.

제1조(목적) 본 협약은 지방공기업 등의 장을 임명함에 있어 인사청문 실시에
필요한 사항을 규정함을 목적으로 한다.
제2조(인사청문 대상) 본 협약에 의한 인사청문의 대상이 되는 지방공기업 등
의 장은 별표1과 같다.
제3조(인사청문의 요청) ① 도지사는 제2조에 따른 지방공기업 등의 장을 임
명하고자 할 때에는 관계법령에 따라 적합한 자를 선정하여 임명 전에 도의회
에 인사청문을 요청하여야 한다. 다만, 연임의 경우에는 그러하지 아니한다.
② 도지사가 인사청문을 요청할 경우에는 별지1 서식의 인사청문 요청서와
함께 인사청문 대상자에 대한 다음 각 호의 사항에 관한 증빙서류를 첨부하
여야 한다. 다만, 증빙서류를 첨부하지 못하는 사항에 대하여는 그 사유서를
제출하여야 한다.
 1. 직업·학력·경력에 관한 사항
 2. 「공직자 등의 병역사항 신고 및 공개에 관한 법률」의 규정에 따른 병역

신고사항

3. 「공직자윤리법」제10조의2제2항의 규정에 따른 재산신고사항

4. 최근 5년간 소득세·재산세·종합토지세의 납부 또는 체납 실적에 관한 사항

5. 범죄경력에 관한 사항

6. 인사청문회 공개 동의서

7. 직무수행계획서

제4조(인사청문 요청서의 회부 등) ① 도의회 의장은 인사청문 요청서가 도의회에 제출되면 지체 없이 본회의에 보고하고 제2조에 규정된 지방공기업 등의 장이 소속된 기관을 관할하는 상임위원회(이하 "위원회"라 한다)에 회부하여야 한다. 다만, 폐회 또는 휴회 등으로 본회의에 보고할 수 없을 때에는 이를 생략하고 회부할 수 있다.

② 도의회는 인사청문 요청서가 제출된 날부터 10일 이내에 인사청문을 마쳐야 한다.

제5조(인사청문회의 운영 등) ① 위원회는 인사청문 대상자를 출석하게 하여 선서, 자기소개 및 직무수행계획에 대한 설명을 들은 뒤 경영능력, 전문성, 자질 등 직무수행과 관련된 사항에 대하여 질의하고 답변과 의견을 청취하는 방식으로 운영한다.

② 인사청문회의 기간은 1일 이내로 하고, 인사청문 요청서가 위원회에 회부된 날부터 7일 이내에 마쳐야 한다.

③ 위원회의 위원이 질의하고자 하는 경우에는 질의요지서를 구체적으로 작성하여 인사청문회 개회 24시간 전까지 위원장에게 제출하여야 한다. 이 경우 위원장은 지체 없이 질의요지서를 인사청문 대상자에게 송부하여야 한다.

④ 위원은 서면질의를 할 수 있다. 이 경우 질의서는 위원장에게 제출하고 위원장은 인사청문회 개회 5일전까지 질의서가 인사청문 대상자에게 도달되도록 송부하여야 하며, 인사청문 대상자는 인사청문회 개회 48시간 전까지 위원장에게 답변서를 제출하여야 한다.

⑤ 위원장은 인사청문회를 마친 날부터 2일 이내에 인사청문 경과보고서(이하 "경과보고서"라 한다)를 작성하여 본회의에 보고하여야 한다.

제6조(경과보고서의 송부) ① 도의회 의장은 제5조제5항의 규정에 의한본회

의 보고가 이루어지면 경과보고서를 지체 없이 도지사에게 송부하여야 한다. 다만, 폐회 또는 휴회 등으로 위원장이 본회의에 보고할 수 없을 때에는 위원장은 도의회 의장에게 보고하고, 도의회 의장은 경과보고서를 도지사에게 송부하여야 한다.

② 도지사는 경과보고서가 제4조제2항에서 정한 기간 이내에 도의회로부터 송부되지 아니한 경우에는 의견이 없는 것으로 간주한다.

제7조(경과보고서의 효력) 도지사는 경과보고서를 참작하여 인사청문 대상자의 임명여부를 결정하되 청문결과는 관계법령이 규정하고 있는 도지사의 임명권한을 기속하지 아니한다.

제8조(인사청문회의 공개) 인사청문회는 공개를 원칙으로 한다. 다만, 다음 각 호의 어느 하나에 해당하는 경우에는 위원회의 의결로 공개하지 아니할 수 있다.

1. 군사·외교 등 국가기밀에 관한 사항으로서 국가의 안전보장을 위하여 필요한 경우
2. 개인의 명예나 사생활을 부당하게 침해할 우려가 명백한 경우
3. 기업 및 개인의 적법한 금융 또는 상거래 등에 관한 정보가 누설될 우려가 있는 경우
4. 계속(繼屬)중인 재판 또는 수사 중인 사건의 소추에 영향을 미치는 정보가 누설될 우려가 명백한 경우
5. 그 밖에 다른 법령에 따라 비밀이 유지되어야 하는 경우로서 비공개가 필요하다고 판단되는 경우

제9조(비밀유지 및 주의의무) ① 위원이나 사무보조자는 인사청문 운영과정에서 알게 된 인사청문 대상자에 대한 자료와 정보를 비밀로 유지하여야 하며, 제3자에게 공개 또는 유출해서는 아니된다.

② 위원은 허위 사실임을 알고 있음에도 진실인 것을 전제로 하여 발언하거나 인사청문 대상자에 대해 위협적이거나 모욕적인 발언을 해서는 아니된다.

제10조(협약의 변경) 본 협약의 변경은 상호 합의에 의한다.

제11조(협약의 적용) 본 협약에 따른 인사청문은 2015년 1월 28일 이후 임명하는 별표1의 지방공기업 등의 장부터 적용한다.

본 협약의 성실한 이행을 약속하기 위하여 2부를 작성하고 서명날인한 후 각 1부씩 보관한다.

12) 경상북도의회

경상북도의회는 2016년 제10대 의회 후반기 의장 선거 당시 김응규 의장은 인사청문회 도입을 공약사항으로 제시하고, 이에 대한 필요성을 공감한 경상북도가 이를 수용함에 따라 이뤄졌다. 2016년 12월 19일, 경상북도의회 김응규 의장과 경상북도지사 직무대리 김장주 부지사 간 '경상북도 산하기관 등의 장 후보자에 대한 인사검증 실시협약'이 체결되면서 본격 도입되었다. 이 협약에 따른 인사청문 대상기관은 도민 밀착형 행정서비스를 제공하는 경상북도개발공사, 경북관광공사, 포항의료원, 김천의료원, 안동의료원 등 총 5개 기관이다. 현재 적용되고 있는 협약의 내용을 살펴보면 다음과 같다.

표 4-19 경상북도 산하기관 등의 장 후보자에 대한 인사검증 실시협약

경상북도와 경상북도의회는 경상북도 공기업 및 산하기관(이하 "산하기관 등"이라 한다)의 장을 우수한 능력과 자질을 갖춘 인재로 임용하기 위해 후보자에 대한 인사 검증을 실시하기로 합의하고 다음과 같이 협약을 체결한다.

제1조(목적) 이 협약은 산하기관 등의 장을 임명함에 있어 후보자에 대한 인사 검증실시를 위해 필요한 사항을 규정함을 목적으로 한다.
제2조(인사검증의 대상) 이 협약에 따라 인사검증의 대상이 되는 산하기관 등은 별표 1과 같다.
제3조(인사검증의 요청) ① 경상북도 도지사(이하 "도지사"라 한다)는 제2조에 따른 산하기관 등의 장을 임명하기 전에 경상북도의회(이하 "의회"라 한다)에 인사검증을 요청하여야 한다.

② 도지사가 인사검증을 요청할 경우에는 인사검증요청서(별지1)와 함께 인사검증 대상자에 대한 다음 각 호의 증빙서류를 첨부하여 의회에 제출하여야 한다. 다만, 증빙서류를 첨부하지 못하는 경우에는 그 사유서를 첨부하여야 한다.

 1. 자기소개서
 2. 직업, 학력, 경력에 관한 사항
 3. 「공직자 등의 병역사항 신고 및 공개에 관한 법률」의 규정에 따른 병역 신고사항
 4. 「공직자윤리법」제4조의 규정에 따른 재산신고사항
 5. 최근 5년간 소득세, 재산세, 종합토지세의 납부 또는 체납 실적에 관한 사항
 6. 범죄경력에 관한 사항
 7. 인사검증회의의 공개에 대한 동의서
 8. 직무수행 계획서
 9. 그밖에 의회에서 요청하는 증빙서류

제4조(인사검증요청서의 보고 등) ① 경상북도의회 의장(이하 "의장"이라 한다)은 인사검증요청서가 제출되면, 이를 본회의에 보고하여야 한다. 다만 폐회 또는 휴회인 경우에는 공고로 대신할 수 있다.

② 의장은 본회의에 보고 후 「경상북도위원회조례」에 따라 인사검증이 요청된 기관을 소관하는 상임위원회(이하 "소관위원회"라 한다)에 인사검증요청서를 회부하여야 한다.

제5조(인사검증위원회 구성ㆍ운영) ① 인사검증요청서가 회부되면, 소관위원회는 소관위원회 위원 전원과 의장이 추천하는 3명 이내의 의회 의원으로 인사검증위원회를 즉시 구성하여야 한다.

② 인사검증위원회 위원장과 부위원장은 소관위원회 위원장과 부위원장으로 하고, 보좌전문위원은 소관위원회 보좌전문위원으로 한다.

③ 인사검증위원회는 인사검증을 위하여 필요한 자료요구와 서면질의를 할 수 있으며, 도지사와 인사검증 대상자는 이에 성실히 응해야 한다.

④ 인사검증위원회는 인사검증 대상자의 답변준비를 위하여 질의요지서를 인사검증회의 개시 72시간 전까지 인사검증 대상자에게 도달하도록 송부하여

야 하며, 인사검증 대상자는 인사검증회의의 개시 24시간 전까지 답변서를 인사검증위원회에 제출하여야 한다.

제6조(인사검증회의의 실시) ① 인사검증위원회는 구성된 날로부터 15일 이내에 인사검증회의를 마쳐야 한다. 다만 인사검증회의가 연장된 경우에는 인사검증회의 개최일의 다음날까지로 한다.

② 인사검증회의는 1일 이내로 한다. 단 부득이한 경우에는 인사검증위원회의 의결을 거쳐 1일을 연장할 수 있다.

제7조(인사검증회의의 계획 통보) 인사검증위원회는 인사검증회의 개최 일시와 장소, 인사검증위원회 위원 명단 등이 기재된 인사검증회의 계획서를 도지사와 인사검증대상자에게 인사검증회의의 개시 5일전까지 도달하도록 송부하여야 한다.

제8조(인사검증회의의 운영 등) ① 인사검증회의는 인사검증 대상자를 출석하게 하여 선서, 자기소개, 직무수행계획에 대한 설명을 듣고, 경영능력·전문성·자질 등 직무수행능력과 도덕성 등에 관하여 질의하고 답변과 의견을 청취하는 방식으로 운영한다.

② 인사검증 대상자는 인사검증회의에 성실히 임하며, 양심에 따라 숨김과 보탬이 없이 사실대로 말할 것을 서약하는 선서를 하여야 한다.

제9조(경과보고서의 송부) ① 인사검증위원회는 인사검증회의를 마치고 난 후 7일 이내에 경과보고서를 본회의에 제출하여야 한다. 다만, 폐회 또는 휴회 중인 경우에는 경과보고서를 의장에게 제출할 수 있다.

② 의장은 제출된 경과보고서를 즉시 도지사에게 송부하여야 한다.

제10조(경과보고서의 효력) 도지사는 경과보고서를 참작하여 인사검증 대상자의 임명 여부를 결정하되, 경과보고서는 법령 및 정관에서 규정하고 있는 도지사의 임명 권한을 기속하지 아니한다.

제11조(인사검증회의의 공개) 인사검증회의는 공개를 원칙으로 한다. 다만 국방, 외교, 사생활 등 비밀유지가 필요한 경우에 인사검증위원회의 의결로 공개하지 아니할 수 있다.

제12조(비밀유지 및 주의의무) 인사검증위원회 위원과 관계 공무원 등은 인사검증 과정에서 알게 된 인사검증 대상자에 대한 자료와 정보를 비밀로 유지하여야 하며, 제3자에게 공개 또는 유출해서는 아니 된다.

> **제13조(협약의 변경)** 이 협약의 변경은 상호 합의에 따른다.
> **제14조(위임 규정)** 이 협약에서 정하지 않은 인사검증위원회 운영에 관한 세부적인 사항은 인사검증위원회의 의결로 정한다.
> **제15조(협약의 시행)** 본 협약은 체결과 동시에 시행한다.
>
> 본 협약의 성실한 이행을 약속하기 위하여 2부를 작성하고 서명 한 후 각각 1부씩 보관한다.

13) 경상남도의회

단체장과 지방의회 간 협약이라는 방식을 통해 인사청문회가 최초로 도입된 곳은 바로 경상남도의회였다. 2013년 1월 30일, 홍준표 도지사와 경상남도의회 김오영 의장은 '경상남도 출자·출연기관장 임용전 도의회 상임위원회별 의견 청취에 관한 협약'을 체결했다. 이 협약에 따르면 총 12개 출자·출연기관[16]의 장을 대상으로 소관 상임위원회별로 의견청취 형식의 인사청문을 실시하도록 했다.[17] 전국 지방의회 첫 사례로 주목을 받았던 경상남도의회 인사검증은 단 한 차례만 실시되고 보름 만에 중단되었다.

당시 경상남도의회가 람사르환경재단 강○○ 대표이사에 대해 부적격 의견을 제시했음에도 불구하고 홍준표 지사가 임명을 강행했다며 반발했다. 이에 대해 홍준표 지사는 협약에 따르면 인사검증은 상임위원회 의견 청취의 형태로 비공개, 비공식, 비안건, 회의록 미작성 등으로 진행한다는 협약을 깨고 의회가 검증 결과를 기자회견을 통해 밝힌 것은 명백한 협약

---

16) 임용권자가 도지사인 출자·출연기관장으로 경남발전연구원(기획행정위원회), 경남테크노파크, 경남신용보증재단, 경남로봇산업진흥재단, 경상남도람사르환경재단(경제환경위원회), 경상남도개발공사(건설소방위원회), 경남문화재단, 경남문화콘텐츠진흥원, 대장경세계문화축전, 경상남도청소년지원본부, 마산·진주의료원(문화복지위원회) 등 총 12개이다.
17) 협약의 주요내용을 살펴보면, 회의진행은 간담회 형식의 비공식, 비공개, 비안건 회의방법이며, 회의록은 미작성, 1일 4시간 이내로 제한하고 있음.

사항 위반이라는 이의를 제기하면서 양자 간의 합의는 사실상 파기되었고 더 이상 시행되지 못했다.[18]

이후 김경수 경상남도지사가 새로 취임하면서 부활되었다. 2018년 8월 28일, 김경수 경남도지사와 김지수 경남도의회 의장 간 '경상남도 출자·출연기관장 인사검증 협약'을 체결하면서 인사청문회가 다시 시작되었다. 이 협약에 따른 인사청문 대상기관은 경남개발공사, 경남발전연구원, 경남신용보증재단, 경남테크노파크, 경남로봇재단, 경남문화예술진흥원 등 총 6개 기관이다. 현재 적용되고 있는 협약의 내용을 살펴보면 다음과 같다.

표 4-20 경상남도 출자·출연기관장 인사검증 협약서

경상남도의회와 경상남도는 경상남도 출자·출연기관장을 임용함에 있어 능력과 자격을 갖춘 우수 인재를 영입하기 위하여 인사검증을 실시하고자 다음과 같이 업무협약을 체결한다.

제1조(목적) 본 협약은 임용권자가 인사검증을 요청한 경상남도 출자·출연기관장에 대하여 임용 전 도의회 인사검증 실시를 위한 절차 등을 규정함을 목적으로 한다.
제2조(운용원칙) 경상남도의회와 경상남도는 경상남도 출자·출연기관장에 대해 도덕성 검증(비공개)과 능력·자격 검증(공개)을 위한 위원회 회의는 양 기관이 합의·작성한 매뉴얼에 따라 운용한다.
제3조(인사검증 대상) 경상남도의회와 경상남도는 다음 각 호의 출자·출연기관에 대해 우선 실시하고, 출자·출연기관의 운영상 심각한 문제 등 양 기관이 필요하다고 판단한 경우 협의하여 추가할 수 있다.
　가. 경남개발공사
　나. 경남발전연구원
　다. 경남신용보증재단
　라. 경남테크노파크

마. 경남로봇재단
바. 경남문화예술진흥원
제4조(인사검증 실시 및 결과) 도의회는 임용권자의 인사검증 요청일로부터 7일 이내에 실시하고 10일 이내에 인사검증 결과를 임용권자에게 송부한다.
제5조(자료제출 및 요구) 임용권자는 인사검증에 필요한 서류(별첨)를 구비하여 도의회에 제출하여야 하고, 추가 자료 요청시 특별한 사유가 없는 한 성실히 제출하여야 한다.
제6조(비밀유지 및 주의의무) 양자는 이행과정에서 알게 된 정보와 이 협약에 의한 인사검증 절차 자료는 비밀로 유지하여야 하며, 인사검증 대상자에게 위협적이거나 모욕적인 발언을 하여서는 아니 된다.
제7조(협약의 변경) 본 협약내용에 변경사유가 발생할 경우 상호 합의에 의하여 변경할 수 있다.
제8조(협약기간) 본 협약은 상호간 특별한 의사표시가 없는 한 협약일로부터 지속되는 것으로 한다.

본 협약의 성실한 이행을 위하여 협약서 2부를 작성하고 서명한 후 각 1부씩 보관한다.

14) 기초의회 사례: 서울시 관악구의회

서울시 관악구의회는 민영진 구의원의 2016년 6월 26일 열린 구정질문을 통해 인사청문제도 도입제안으로부터 시작했다. 이후 7월 15일 박○○ 관악구시설관리공단 이사장이 임기 절반 여를 남겨두고 1년 6개월 만에 자진 사퇴를 했다. 이를 두고 관악구 관내 방송에서 '낙하산 인사, 나눠먹기 인사, 보은인사' 등을 지적해 논란이 일자 원천적으로 논란을 차단하기 위해 도입되었다.[19]

관악구는 이러한 논란을 해소하는 한편, 민영진 구의원의 도입 제안을

---

19) 관악저널, 2016.9.22., "인사청문회 실효성 위해 관악구의회 역량 요구돼.."

받아들여 2016년 9월 5일 유종필 관악구청장과 길용환 관악구의회의장 간 「관악구시설관리공단 이사장 후보자에 대한 인사청문회 실시 협약서」 를 체결하면서 본격 도입되었다. 기초의회 차원에서는 최초로 도입되었다 는 점에서 인사청문제도가 광역의회만의 전유물이 아닌 기초의회까지 확 산되는 계기가 되었다. 이후 서울 강동구의회, 경기 의왕시의회, 과천시의 회 등 기초의회에서도 점차적으로 도입하기 시작했다. 이 협약에 따른 대 상기관은 관악구시설관리공단 1곳이며, 현재 적용되고 있는 협약의 내용 을 살펴보면 다음과 같다.

표 4-21 관악구시설관리공단 이사장 후보자에 대한 인사청문회 실시 협약서

관악구와 관악구의회는 「관악구시설관리공단」 이사장이 임명되기 전에 후보 자의 경영능력과 자질 등을 사전에 검증하기 위한 인사청문회를 실시하기로 상호 합의하고 다음과 같이 협약을 체결한다.

1. 협약에 의한 인사청문회 실시 대상은 관악구시설관리공단 이사장으로 한다.
2. 구청장은 <별지1>의 서류를 첨부하여 의장에게 임명후보자에 대한 인 사청문을 요청하고, 의장은 이를 본회의에 보고 후 해당 위원회에 즉시 회부 한다. 다만 폐회 또는 휴회 중인 때에는 본회의 보고를 생략할 수 있다.
3. 구의회는 구청장의 인사청문 요청서가 접수된 날부터 휴무, 공휴일을 제외 한 12일 내에 <별지2>의 내용이 포함된 임명후보자에 대한 인사 청문 결 과보고서를 송부하여야 한다. 이때 인사청문회는 차수변경 없이 1일 이내에 마치기로 한다.
4. 의장이 제3호의 기한에 인사청문 결과를 송부하지 못했을 때는 구청장은 임명후보자를 임명할 수 있으며, 구의회의 인사청문 결과는 구청장의 임명후 보자에 대한 임명권한을 기속하지 아니한다.
5. 위원회 위원장(이하 "위원장"이라 한다)은 인사청문 실시 후 그 결과를 본 회의에 보고(폐회 또는 휴회 중인 때에는 의장에게 보고)하여야 하고, 의장은 이를 구청장에게 송부하여야 한다.

6. 인사청문은 공개를 원칙으로 한다. 다만, 다음 각 항의 어느 하나에 해당
하는 경우에는 위원회의 의결로 공개하지 아니할 수 있다.
  ① 군사·외교 등 국가기밀에 관한 사항으로서 국가의 안전보장을 위하여
     필요한 경우
  ② 개인의 명예나 사생활을 부당하게 침해할 우려가 명백한 경우
  ③ 기업 및 개인의 적법한 금융 또는 상거래 등에 관한 정보가 누설될 우려
     가 있는 경우
  ④ 진행중인 재판 또는 수사 중인 사건의 소추에 영향을 미치는 정보가 누
     설될 우려가 명백한 경우
  ⑤ 임명후보자·증인·참고인 등이 특별한 이유로 인사청문회를 비공개로
     요구하는 경우
  ⑥ 그 밖에 다른 법령에 따라 비밀이 유지되어야 하는 경우로서 위원장이
     비공개가 필요하다고 인정되는 경우
7. 위원회는 임명후보자를 출석하게 하여 언론 공개 등에 대한 동의 여부를
확인하고, <별지3>의 선서를 하게 한 후 10분의 범위에서 임명후보자의
정책 소견을 들은 다음 질의를 행하고 답변과 의견을 청취하는 방식으로 운
영한다.
  ① 위원회 질의는 일문일답의 방식으로 한다. 다만, 위원회의 의결이 있는
     경우 일괄질의나 서면질의 등 다른 방식을 병행할 수 있다.
  ② 위원별 본질의 시간은 답변시간을 포함하여 15분을, 보충질의는 10분을
     초과할 수 없다.
  ③ 보충질의는 다른 위원의 본질의 종료 후에 실시하고, 보충질의 횟수는
     제한하지 않는다. 다만, 보충질의시간이 10분을 초과하게 되면 위원장은
     질의시간 초과안내 후에 다른 위원에게 발언을 허가할 수 있다.
8. 위원장은 청문회 개최 3일 전까지 임명후보자에 대한 출석을 요구하고 질
의요지서를 송부하여야 한다.
9. 위원은 위원장을 거쳐 청문회 개최 3일전까지 인사청문과 관련하여 서면
질의를 할 수 있으며, 구 및 관악구시설관리공단은 청문회 개최 24시간 전까
지 답변자료를 제출하여야 한다.
10. 위원회는 필요한 경우 증인·감정인 또는 참고인으로부터 증언·진술을

청취하는 등 증거조사를 할 수 있다.

① 위원회가 증인·감정인·참고인의 출석요구를 하고자 하는 경우에는 그 출석요구서가 늦어도 출석요구일 3일전까지 송달되도록 하여야 한다.

② 증인·감정인·참고인의 증언·진술이 공개될 경우 형사소추 또는 공소 제기를 당하거나 그 업무상 위탁을 받은 관계로 알게 된 사실로서 타인 의 비밀에 관한 것은 증언이나 진술을 거부할 수 있다. 다만, 본인의 승 낙이 있거나 중대한 공익상 필요가 있을 때에는 예외로 한다.

11. 위원은 허위사실을 알고 있음에도 진실인 것을 전제로 하여 발언하거나 소모적·정략적 의도의 발언, 임명후보자의 명예나 사생활을 부당하게 침해 하는 발언을 하여서는 아니되며, 위원장은 이러한 발언에 대하여는 발언중단 을 요구하여야 한다.

12. 위원 및 사무보조자는 인사청문을 통하여 알게 된 비밀을 정당한 사유 없이 누설하여서는 아니 된다.

13. 그 밖에 위원회의 구성·운영과 인사청문회 절차 등에 관하여 이 협의서 에서 규정한 사항 이외에는 「관악구 행정사무감사 및 조사에 관한 조례」, 「관 악구의회 회의규칙」을 준용한다.

14. 본 협약에 따른 인사청문회는 협약일 이후 임명하는 「관악구시설관리공 단」 이사장부터 실시하기로 한다.

본 협약의 성실한 이행을 약속하기 위하여 2부를 작성하고 서명 날인한 후 각 1부씩 보관한다.

4. 제4유형: 조례에 근거한 사후검증 형태의 인사청문회

제4유형은 상위법령의 근거 없이 조례로 사전검증 형식의 인사청문회 를 규율할 경우 상위법에 위배되나, 사전이 아닌 사후적으로 검증하는 것은 가능하다는 대법원의 판례를 존중한 형태이다. 즉 산하기관장 등에 대한 단체장의 임명권 행사 이후 사후적으로 지방의회가 경영능력 등을 검증하는 형태의 인사청문 제도를 조례로 규정해 실시하는 유형이다. 인사청문회의 본래적 의미는 사전 검증의 형식이어야 하나 사후 검증에 해당된다는 점에서 진정한 의미의 인사청문이라 볼 수 없다는 견해도 있다. 그러나 이 유형은 현행 법령상의 한계로 인해 지방의회 차원에서 조례로 만들어 낸 하나의 새로운 유형이라 평가할 수 있다. 조례에 근거하고 있다는 점에서 법적·제도적 안정성은 높으나, 사후적 검증에 그친다는 점에서 의회예규 또는 협약에 의한 유형보다 실효성이 떨어진다는 단점이 존재한다. 이와 같은 유형은 서울과 충남에서 도입된 바 있다. 이를 자세히 살펴보면 다음과 같다.

1) 서울시의회

서울시의회는 2012년에 「서울특별시의회 기본조례」 제56조에 근거를 두고 사후적 검증형태의 인사청문제도를 도입했다. 상임위원회는 그 소관에 속하는 산하기관장에 대하여 임명된 후 30일 이내에 경영능력 등에 관한 검증보고서를 작성하여 의결하고 의장에게 제출토록 했다. 이에 대해 서울시는 시장의 전속적 권한인 인사권을 침해한다는 이유를 들어 재의요구를 했고, 서울시의회가 재의결하자 대법원에 제소를 했다. 그러나 대법원은 서울시장이 산하기관장을 임명하고 난 후 소관 상임위원회가 그 산하기관장의 경영능력 등에 관한 검증보고서를 작성해 시장에게 제출하도록 하고 있을 뿐, 서울시장이 검증보고서의 내용에 기속되거나 그에 따라 어떠한 조치를 취해야 하는 것도 아니므로 시장의 인사권에 관하여 견제의 범위 내에서 소극적·사후적으로 개입하는 것에 불과하여 집행기관의 인사권을 침해한다고 할 수 없다고 판시했다(대법원 2012. 12. 26. 선고 2012추91). 이후 2015년에 협약을 체결하면서 관련 조항을 다음과 같이 개정했다.

| 표 4-22 | 서울특별시의회 기본조례 제56조 개정 사항 |

개 정 전	개 정 후
제56조(산하기관장에 대한 검증) ① 상임 위원회는 그 소관에 속하는 산하기관장에 대하여 임명된 후 30일 이내에 경영능력 등에 관한 검증보고서를 작성하여 의결하고 의장에게 제출한다. 〈단서 신설〉	제56조(산하기관장에 대한 검증) ① 상임 위원회는 그 소관에 속하는 산하기관장에 대하여 임명된 후 30일 이내에 경영능력 등에 관한 검증보고서를 작성하여 의결하고 의장에게 제출한다. 다만, 산하기관장에 대한 인사검증이 이행된 경우에는 이를 생략할 수 있다.

이에 따라 현재 서울시의회는 산하기관장에 대한 사전 인사검증[20](실제로는 협약에 의한 인사청문회)이 이뤄진 경우에는 경영능력 검증을 생략하되, 협약이 파기되거나 효력을 잃게 되어 사전 인사검증을 실시할 수 없는 때에는 사후적으로 경영능력 검증을 실시하도록 규정하고 있다.

2) 충청남도의회

충청남도의회는 서울시의회 사례를 벤치마킹 하여 「충청남도의회 기본조례」를 제정하면서 제50조에 산하기관장에 대한 사후적 검증형태의 인사청문회 제도를 2014년부터 도입·시행하고 있었다. 그러나 2018년 협약 체결 이후 동 조항을 삭제하여 현재는 이와 관련된 조문은 없는 상황이다.

---

20) 인사청문회라는 용어를 조례에 직접 규정할 경우 상위법 위반의 소지가 있어 '인사검증'이라는 용어를 사용한 것으로 보인다.

표 4-23 충청남도의회 기본조례 개정 사항

개 정 전	개 정 후
제50조(산하기관장에 대한 검증) ① 상임위원회는 그 소관에 속하는 산하기관장에 대하여 임명된 후 30일 이내에 경영능력 등에 관한 검증보고서를 작성하여 의결하고 의장에게 제출한다. ② "산하기관장"이라 함은 법 제146조에 따른 지방공기업의 장으로서 도지사가 임명한 자를 말한다. ③ 의장은 제1항의 산하기관장에 대한 검증보고서가 제출되면 지체 없이 본회의에 보고하고 도지사에게 송부하여야 한다. 다만, 의회가 폐회 중에는 제출된 보고서를 지체 없이 도지사에게 송부하여야 한다.	〈삭 제〉

5. 제5유형: 조례와 협약에 근거한 사전검증 형태의 인사청문회

• 경기 광명시의회

경기도 광명시와 광명시의회는 광명도시공사 사장에 대한 인사청문회 실시 근거를 조례에 두고 별도의 협약을 통해 인사청문회가 도입·운영되고 있다. 궁극적으로는 협약을 통해 실시되지만 그 근거를 조례에 두고 있다는 특수성이 있다. 본래 단체장의 인사권에 지방의회가 사전적·적극적으로 관여하는 인사청문회에 관한 사항을 조례로 정할 수 없다는 대법원의 판결이 있었음에도 불구하고 해당 조문이 2017. 06. 20. 제정 당시부터 현재까지 그대로 유지되고 있다는 점은 조문 자체보다는 내용, 즉 광명시의회와 시장과의 상호 동의에 따른 협약의 형태로 인사청문회를 규정한 사항에 대해 예외를 인정해 준 사례로 평가할 수 있다. 광명도시공사 사장에 대한 인사청문회 실시 근거를 둔 「광명도시공사 운영 조례」의 규정은 다음과 같다.

표 4-24 광명도시공사 운영 조례 규정 사항

제11조(사장) ① 사장은 시장이 임면하며, 사장을 임명할 때에는 위원회에서 추천한 사람 중에서 임명한다. 다만, 사장에 대한 인사청문회는 시의회와 시장과의 협약을 통하여 실시한다.
② 사장은 공사를 대표하고, 공사의 업무를 총괄한다.
③ 사장이 사고가 있는 경우에는 정관이 정하는 바에 따라 해당 이사가 그 직무를 대행한다.

이에 따라 2018년 9월 14일 광명도시공사 사장에 대한 인사청문회가 처음 실시되었다. 그러나 2017년 6월 20일부터 시행되어 오던 「광명도시공사 운영 조례」 제11조를 두고 2018년 9월 3일 자치행정교육위원회에서 시장이 제출한 '광명도시공사 운영 조례 일부개정조례안' 심의과정에, 사장에 대한 인사청문회 조항을 삭제할 것인지, 아니면 그대로 둘 것인가를 두고 시의원과 집행부 공무원 사이에 치열한 공방이 벌어지기도 했다.[21]

당시 광명시 입장에 따르면, 인사청문회를 거치도록 규정하고 있는 현행 조례는 단체장의 임명권에 대한 견제 또는 제약에 해당되어 무효라는 대법원 판례가 있는 점, 상위법에 단체장의 임명권을 제한하는 별도의 규정이 없음에도 불구하고 조례에 인사청문회 규정을 두는 것은 상위법 위반이라는 등의 사유를 들어 이 조항을 삭제하는 개정안이 제출되었으나 시의회에서 통과되지 못했다. 이에 따라 제11조는 현재까지 그대로 유지되고 있다.

21) 광명데일리, 2018.9.6., "광명도시공사 사장 '인사청문회' 상위법 위반 논란"

6. 소결 및 종합

현재 광역의회의 경우 세종시를 제외한 16곳에서 인사청문회를 도입하고 있다. 최근 들어서는 5개 기초의회【경기 용인시의회(2014년), 서울 관악구의회(2016년), 경기 광명시의회(2017년), 서울 강동구의회(2019년), 경기 과천시의회(2020년), 경기 의왕시의회(2021년)】까지도 도입하는 추세에 있는 등 지방의회 인사청문회제도는 점차 확산되고 있고, 각 지방의회 사정을 감안해 다양한 형태로 도입·운영하고 있다.

먼저 인사청문회의 법적 근거를 살펴보면, 첫째, 제주도의회는 별정직 부지사와 감사위원장에 대해서만 법률과 조례에 근거해 도입하였다. 둘째, 서울, 부산, 대구, 광주, 울산, 경기, 강원, 충북, 충남, 전북, 전남, 경북, 경남, 서울 관악·강동, 경기 과천·의왕 등은 단체장과 지방의회 간 협약에 의해 도입하였다. 셋째, 인천, 대전, 제주(행정시장과 지방공기업·출자출연기관장) 등은 외부적으로 효력이 없는 의회 예규를 통해 도입하였다. 넷째, 서울시의회, 충남도의회는 조례에 근거한 사후적 검증형태의 인사청문제도를 도입했으나, 현재 서울시의회는 인사검증과정을 사전에 거친 경우 사후검증은 생략할 수 있도록 하고 있고, 충남도의회는 관련 조례의 조문이 삭제되었다. 마지막으로, 경기 광명시의회는 조례와 협약에 근거를 둔 인사청문회를 도입·운영하고 있다.

다음으로 인사청문대상 측면에서는 대부분이 지방공기업과 출자·출연기관의 장을 대상으로 하고 있으나, 인천, 제주는 정무직 또는 별정직 부단체장을 대상으로 포함하고 있다.

이상의 결과를 종합해 도식화하면 다음과 같다.

표 4-25　지방의회(광역의회) 인사청문회 도입 현황(2022.6월 기준)

구　분	관 련 근 거	대　상	도 입 시 기
서울	서울특별시의회와 서울특별시 간 인사청문회 실시협약서 ※ 서울특별시의회 기본 조례에 따른 사후 검증 유지	5개 공공기관장	'15.8.17
부산	부산광역시 산하 공공기관장 인사 검증회 도입 업무협약서	9개 공공기관장	'18.8.29
대구	대구광역시 지방공기업 및 의료원의 장에 대한 대구광역시 의회와 대구광역시간 인사청문 협약서	5개 공공기관장	'17.6.20
인천	인천광역시의회 인사간담회 운영지침(의회 예규)	정무부시장, (필요시, 개방형 직위, 지방공기업, 자치경찰 위원장)	'11.10.13
광주	광주광역시 지방공기업 등의 장에 대한 인사청문 업무협약서	8개 공공기관장	'15.2.25
대전	대전광역시의회 인사청문간담회 운영규정	4개 공공기관장	'14.9.26
울산	울산광역시 지방공기업 등의 장에 대한 인사청문회 실시협약서	4개 공공기관장	'18.12.12.
세종	-	-	-
경기	경기도 공공기관장 인사청문 업무협약서	15개 공공기관장	'14.8.29
강원	도 산하기관 등의 장에 대한 인사청문회 실시협약서	6개 공공기관장	'15.7.7

충북	충청북도 공기업 및 출자·출연기관장 인사 청문 협약서	4개 공공기관장	'19.9.17
충남	충청남도·충청남도의회 인사 청문 협약서 ※ 충청남도의회 기본 조례에 따른 사후 검증 폐지	10개 공공기관장	'18.9.14
전북	전라북도 산하기관 등의 장 후보자에 대한 인사청문 실시협약서	5개 공공기관장	'19.1.16
전남	지방공기업 등의 장에 대한 인사청문실시 협약서	5개 공공기관장	'15.1.28
경북	경상북도 산하기관 등의 장 후보자에 대한 인사검증 실시협약	5개 공공기관장	'16.12.19
경남	경상남도 출자·출연기관장 인사검증 협약서	6개 공공기관장	'18.8.28
제주	제주특별자치도 설치 및 국제자유도시 조성을 위한 특별법 및 제주특별자치도 인사청문회 조례	별정직 부지사 감사위원장	'06.7.1 '06.7.1
	행정시장 인사청문회 실시에 관한 지침(의회 예규)	행정시장 (제주시장, 서귀포시장)	'14.9.11
	공기업 및 출자·출연기관장 인사청문회 실시에 관한 지침(의회 예규)	5개 공공기관장	'14.10.8

※ 기초의회(협약/단, 경기 광명은 조례와 협약에 근거): 경기 용인('14년), 서울 관악('16년), 경기 광명('17년), 서울 강동('19년), 경기 과천('20년), 경기 의왕('21년)

05

지방의회 인사청문회
운영 실태 비교 분석

05

지방의회 인사청문회
운영 실태 비교 분석*

제5장에서는 국회를 비롯한 일부 광역의회의 인사청문회 운영 실태를 비교 분석한다.

1. 인사청문 주체 및 구성 등

국회와 지방의회에서 운영 중인 인사청문 주체와 위원 수, 그리고 위원 선임방법 등에 관한 사항은 <표 5-1>과 같다.

---

* 제5장은 윤혜진 · 박순종(2018). 한국 인사청문회 제도에 관한 비교 연구: 국회와 지방의회 도입 실태 및 운영 사례를 중심으로. 한국지방자치학회보, 30(3): 183-205를 일부 발췌 또는 수정 · 보완하였다. 지방의회별 협약 및 세부 운영 절차의 변경 등으로 인해 일부 자료의 오류가 있을 수 있으며, 이에 따른 책임은 전적으로 저자들에게 있음을 밝힌다.

표 5-1 국회 및 지방의회별 인사청문 주체 및 구성 방법

구 분		청 문 주 체	위 원 수	위원선임방법 등
국회	인사청문 특별위원회	인사청문 특별위원회	13명	특별위원회 구성일부터 2일 이내에 교섭단체대표의원이 선임(기한 내 요청이 없거나 교섭단체에 속하지 않은 의원에 대해서는 의장이 위원 선임)
	상임위원회 인사청문회	상임위원회	상임 위원	–
광역	서울시의회	인사청문 특별위원회	15명 이내	소관 상임위원회 소속 위원을 과반수 이상 포함해야 하며, 본회의 의결로 선임
	부산시의회	인사검증 특별위원회	15명 이내	특별한 규정 없으나 본회의 의결로 선임
	인천시의회	상임위원회 (인사간담 특별위원회)	13명	• 당연직: 소관 상임위원회 위원 • 의장(2명), 상임위원장(1명) 추천(기간 내 추천 없을 경우 소관 상임위원장이 운영위원장과 협의 후 위원 추천)
	광주시의회	인사청문 특별위원회	7명	교섭단체 대표의원이 협의하여 본회의 의결
	대전시의회	상임위원회 (인사청문간담 특별위원회)	5~8명	• 당연직: 소관 상임위원회 위원 • 위촉직: 의장과 특별위원장이 협의하여 추천

경기도의회	인사청문위원회	15명 이내	의장 3명, 교섭단체 대표의원 3명, 운영위원장 2명, 해당 상임위 7명 추천으로 구성하고, 의장 방침에 따라 선임
강원도의회	인사청문특별위원회	10명	상임위원회별 각 2명 추천하되, 본회의 의결로 선임
울산시의회	인사청문특별위원회	7명 이내	본회의 의결로 선임
전북도의회	상임위원회	–	소관 상임위원 전원, 의장 추천 3명 이내
전남도의회	상임위원회	10명	상임위원(의장 일부 추천 가능)
제주	산하 기관장	상임위원회	상임 위원	–
	별정직부지사, 감사위원장, 행정시장	인사청문특별위원회	7명	• 의장이 상임위원회(운영 제외)별 1명씩 추천한 6명을 포함해 선임 및 개선 • 상임위원회는 위원회 구성일부터 2일 이내 의장에게 위원 추천(기간 내 추천 없을 경우 의장이 운영위원회와 협의 후 위원 선임)
경북도의회	인사검증위원회	14명	소관 상임위원 전원과 의장이 추천하는 3명 이내의 의원
대구시의회	인사청문위원회	9명	소관 상임위원 + 의장 추천 3명, 의장방침에 따라 선임

| 기초 | 서울 관악구의회 | 인사청문특별위원회 | 9명 | 본회의 의결로 선임 |

국회는 인사청문 대상에 따라 인사청문특별위원회 또는 소관 상임위원회가 주체가 되어 인사청문회가 이뤄진다. 지방의회의 경우에도 대체로 인사청문특별위원회 또는 소관 상임위원회가 주체가 되어 인사청문회를 실시한다. 다만, 경기·대구 등에서는 인사청문위원회 구성 등에 관해 의장방침으로 정하고, 인사청문회 추진계획 등도 이를 따르고 있다.

인천·대전·경기·경북 등에서는 인사간담위원회, 인사검증위원회 등의 용어를 사용하고 있는데, 이는 '인사청문'이라는 명칭 사용이 상위법 위배의 소지가 있어 다소 완화된 표현을 쓴 것으로 보인다.

국회의 경우 특별위원회는 13명, 상임위원위는 소속 의원 정수로 선임된다. 지방의회는 의원정수의 편차가 있음을 감안할 때, 대체로 5명부터 20명까지 지방의회별로 차이가 있다. 위원 역시 지방의회별로 다양한 방법에 의해 선임하고 있다. 일부 지방의회는 위원선임방법에 관해 특별한 규정을 두고 있지는 않지만 각 지방의회의 내부 사정을 고려해 자율적으로 선임하고 있다. 부산시의회의 경우 인사검증특별위원회를 약 6개월 단위로 구성하거나 그 기간을 연장하면서 특별위원회를 구성·운영하고 있는 점은 특이할 만한 사항이다.

한편, 법적인 근거를 갖고 있는 국회와 제주도(별정직부지사, 감사위원장)의 경우를 제외하고, 인사청문특별위원회라는 명칭을 사용하고 있는 지방의회 중 일부는 특별위원회 구성결의안에 대한 본회의 의결 없이 운영하고 있다. 이와 관련해서는 향후 「지방자치법」과 해당 지역의 자치법규 등에서 정하고 있는 특별위원회의 구성 원칙과 요건에 따라 본회의 의결을 거쳐 활동하는 것이 바람직하다.

2. 인사청문 절차 및 진행방법 등

국회와 지방의회에서 운영 중인 인사청문의 절차 및 진행방법 등에 대해서는 다음 3가지로 구분하여 살펴보기로 한다.[1]

1) 위원회 활동 및 인사청문 기간

국회와 지방의회의 인사청문 기간 및 위원회의 활동 기간, 제출서류 등에 관한 사항은 <표 5-2>, <표 5-3>과 같다. 국회의 위원회 활동 기간은 임명동의안 제출일부터 20일 이내이고, 실제 청문회는 3일 이내의 범위에서 실시하도록 규정하고 있다.

반면 지방의회의 위원회 활동기간은 7일에서 20일 이내로 지방의회마다 서로 다르다. 실제 청문기간은 제주도(2일 이내)를 제외하면, 8시간으로 가장 짧은 경기도의회를 포함해 대부분이 1일 이내, 1~2차례의 회의만 실시하도록 규정하고 있어 대체로 매우 짧다. 경상북도의회의 경우에만 추가적으로 1일을 연장할 수 있도록 하고 있다.

현재 국회의 청문기간도 철저한 인사검증을 하기에는 부족하다는 문제점이 제기되고 있는 상황에서[2] 보다 심도 있고 내실 있는 인사청문회를 위해서는 인사청문 기간을 국회와 비슷하게 조정하거나 최소한 현행보다는 확대할 필요가 있다.

---

1) 본문에서 살펴볼 사항 이외에도 지방의회 인사청문회의 실제 회의 운영 및 진행과정에 있어서 후보자의 선서는 국회를 비롯해 서울·제주·경북·서울 관악에서 실시하고 있다. 의원은 질의는 보통 10분 내지 15분의 본질의와 10분 정도의 보충질의로 하거나 위원회 의결로 정하고 있으며, 대부분 1문1답의 질의응답 형식으로 진행하고 있다. 일부 지방의회의 경우는 서면질문도 가능하다.
2) 손병권. (2010). 국회 인사청문회의 정치적 의미, 기능 및 문제점. 의정연구, 16(1): 5-33.

표 5-2 국회 및 지방의회별 인사청문위원회 활동 기간

구 분	위원회 활동 기간 및 청문 기간
국회	임명동의안 제출일부터 20일 이내, 청문기간은 3일 이내
서울시의회	인사청문회 개최 요청서 접수날부터 10일 이내, 청문기간은 차수 변경 없이 1일 이내
부산시의회	인사검증은 시장의 검증요청일로부터 10일 이내 실시하되, 활동 기간, 운영 방법 등은 특별위원회 관련 자치법규 적용
인천시의회	인사간담요청서 회부일부터 20일 이내
광주시의회	인사청문요청일부터 10일 이내
대전시의회	인사청문간담요청서 회부일부터 20일 이내
경기도의회	임명권자의 청문요청일부터 7일 이내에, 8시간 범위 내에서 실시
강원도의회	청문요청서 제출일부터 15일 이내, 청문 기간은 1일 이내
울산시의회	인사청문 요청서 의회 접수 후 10일 이내 1인 1일
전북도의회	인사청문 요청서가 제출된 날부터 10일 이내(공휴일 제외), 인사청문 요청서가 위원회에 회부된 날부터 7일 이내, 인사청문기간은 1일 이내 ※ 1차(도덕성 검증), 2차(업무능력 검증) 청문회로 분리하여 실시
전남도의회	청문요청서 위원회 회부일부터 7일 이내, 청문기간은 1일 이내
제주도의회	임명동의안 회부일부터 15일 이내, 청문기간은 2일 이내
경북도의회	인사검증위원회가 구성된 날부터 15일 이내, 청문기간은 1일(1일 추가 연장 가능)
대구시의회	요청서가 접수된 날부터 15일 이내, 청문기간은 차수 변경 없이 1일
충북도의회	청문요청일로부터 15일 이내, 1일
충남도의회	임명권자의 청문 요청을 받은 날부터 20일 이내, 청문기간은 차수 변경 없이 1일
경남도의회	임용권자의 인사검증 요청일로부터 7일 이내에 실시

서울 관악구의회	요청서가 접수된 날부터 휴무·공휴일을 제외한 12일 이내, 청문 기간은 차수 변경 없이 1일

2) 인사청문 관련 제출서류

국회와 일부 지방의회가 인사청문회를 개최하기 전에 위원회에 반드시 제출해야 할 서류의 목록은 <표 5-3>과 같다.

표 5-3 국회 및 지방의회별 인사청문 제출 서류

구 분		위원회 활동 기간 및 청문 기간
국회	인사청문 특별위원회	1. 요청사유서 또는 의장 추천서 2. 직업·학력·경력 사항
	상임위원회 인사청문회	3~4. 병역 및 재산 신고 사항 5. 최근 5년간 소득세·재산세·종합토지세 납부 및 체납 실적 사항 6. 범죄 경력 사항
광역	서울시의회	1. 직업·학력·경력 사항 2~3. 병역 및 재산 신고사항 4. 최근 5년간 국세·지방세 일체에 대한 납부 및 체납 실적 사항 5. 범죄경력사항 6. 주소지 이전 현황 등 확인 가능한 자료(가족관계증명서, 주민등록초본 등) 7~8. 자기소개서 및 직무수행계획서 9. 이사회 또는 임원추천위원회 의결서 및 의사록 사본 10. 시장의 사장(후보자) 결정 사유서 11. 개인정보제공동의서 12. 인사청문회 공개 동의서 13. 해당기관 기본 설명 자료

		14. 그 밖에 경영능력 및 정책수행능력에 관해 의회에서 요청한 관계 서류
	인천시의회	1. 간담회 공개 등에 관한 동의서 2. 직업 · 학력 · 경력 · 연구실적 · 기술 및 자격 등 사항 3. 가족관계등록부 및 주민등록초본(주소이력, 병역사항: 18세 이상 직계비속 포함) 4. 재산신고사항 5. 최근 5년간 국세 · 지방세납부 및 체납실적사항 6. 범죄경력사항
	부산시의회	1. 직업, 학력, 경력에 관한 사항 2. 병역신고사항 3. 재산신고사항 4. 최근 5년간 세금 납부 및 체납 실적 사항, 범죄 경력에 관한 사항(전직 공무원의 경우 징계처분 사항 포함) 5. 자기소개서 6. 직무수행계획서 7. 임용 예정인 기관의 업무 관련 용역수행 현황 8. 개인정보제공동의서 등
	광주시의회	1. 직무수행계획서 2. 직업 · 학력 · 경력사항 3~4. 병역 및 재산신고사항 5. 최근 5년간 국세 · 지방세납부 및 체납실적사항 6. 범죄경력사항 7. 인사청문회 공개 동의서 8. 기타 의회에서 요청한 관계 서류
	대전시의회	1. 인사청문간담회 공개 동의서 2. 직업 · 학력 · 경력사항 3. 가족관계등록부 및 주민등록초본(주소이력, 병역사항: 18세 이상 직계비속 포함) 4. 재산신고사항 5. 최근 5년간 국세 · 지방세납부 및 체납실적사항

	6. 범죄경력사항
울산시의회	1. 직무수행계획서 및 자기소개서 2. 직업, 학력, 경력에 관한 사항 3. 「공직자 등의 병역사항 신고 및 공개에 관한 법률」에 의한 병역 신고 사항 4. 「공직자윤리법」에 의한 재산신고 사항 5. 최근 5년간 소득세, 재산세, 종합토지세의 납부 또는 체납 실적에 관한 사항 6. 범죄경력에 관한 사항 7. 인사청문회 경과보고서 공개에 대한 동의서 등
경기도의회	1. 이력서 2. 주민등록 등ㆍ초본(병역사항 포함) 3. 최종학교 졸업증명서 4. 경력증명서 5. 자격증 사본 (해당 없을 경우 미제출) 6. 자기소개서 7. 직무수행계획서 8. 이사회 또는 임원추천위원회 의결서 및 의사록 사본(단, 개인정보 비공개) 9. 후보자의 소득세ㆍ재산세 및 종합부동산세 납부실적증명서 및 체납증명서 10. 후보자의 범죄경력ㆍ수사경력 조회 회보서(기관조회용) 11. 개인정보제공동의서
강원도의회	1. 직업ㆍ학력ㆍ경력에 관한 사항 2. 「공직자 등의 병역사항 신고 및 공개에 관한 법률」의 규정에 따른 병역신고사항 3. 「공직자윤리법」 제10조의2제2항의 규정에 따른 재산신고 사항 4. 최근 5년간 소득세ㆍ재산세ㆍ종합토지세의 납부 또는 체납 실적에 관한 사항 5. 범죄경력에 관한 사항

	6. 인사청문회 공개 동의서
	7. 직무수행계획서
전남도의회	1. 직업 · 학력 · 경력사항
	2~3. 병역 및 재산 신고사항
	4. 최근 5년간 소득세 · 재산세 · 종합토지세납부 및 체납실적 사항
	5. 범죄경력사항
	6. 인사청문회 공개 동의서
	7. 직무수행계획서
전북도의회	1. 자기소개서
	2. 직무수행계획서
	3. 직업 · 학력 · 경력에 관한 사항
	4. 「공직자 등의 병역사항 신고 및 공개에 관한 법률」의 규정에 따른 병역신고사항
	5. 「공직자윤리법」 제10조의2제2항에 따른 재산신고사항
	6. 최근 5년간 소득세 · 재산세 · 종합토지세의 납부 또는 체납 실적에 관한 사항
	7. 범죄경력에 관한 사항
	8. 주소 이력(주민등록 초본 등)
	9. 개인정보 제공 동의서
	10. 인사청문회 공개 동의서
	11. 그 밖의 의회에서 요청하는 자료 등
제주도의회	1. 직업 · 학력 · 경력사항
	2~3. 병역 및 재산 신고사항
	4. 최근 5년간 소득세 · 재산세 · 종합토지세납부 및 체납실적 사항
	5. 범죄경력사항
경북도의회	1. 자기소개서
	2. 직무수행계획서
	3. 직업 · 학력 · 경력에 관한 사항
	4. 「공직자 등의 병역사항 신고 및 공개에 관한 법률」의 규정

		에 따른 병역신고사항 5. 「공직자윤리법」제4조의 규정에 따른 재산신고사항 6. 최근 5년간 소득세·재산세·종합토지세의 납부 또는 체납실적에 관한 사항 7. 범죄경력에 관한 사항 8. 인사검증회의의 공개 동의서 9. 그 밖에 의회에서 요청하는 증빙서류
	대구시의회	1. 자기소개서 2. 직업, 학력, 경력에 관한 사항 3. 「공직자 등의 병역사항 신고 및 공개에 관한 법률」의 규정에 따른 병역신고사항 4. 「공직자윤리법」의 규정에 따른 재산신고사항 5. 최근 5년간 소득세, 재산세, 종합토지세의 납부 또는 체납실적에 관한 사항 6. 범죄경력에 관한 사항 7. 인사청문위원회의 공개에 대한 동의서 8. 직무수행계획서 9. 그밖에 의회에서 요청하는 증빙서류
기초	서울 관악구의회	1. 직업·학력·경력사항 2. 병역신고사항(18세 이상 직계비속 포함) 3. 재산신고사항 4. 최근 5년간 국세·지방세 일체에 대한 납부 및 체납 실적 사항 5. 범죄경력사항 6. 주소지 이전 현황 등 확인 가능한 자료(가족관계증명서, 주민등록초본 등) 7. 자기소개서 8. 직무수행계획서 9. 이사회 또는 임원추천위원회 의결서 및 의사록 사본 10. 구청장의 이사장(임명후보자) 결정 사유서 11. 개인정보제공동의서

	12. 인사청문회 공개 동의서
	13. 해당기관 기본 설명 자료
	14. 그 밖에 경영능력 및 정책수행능력에 관해 의회에서 요청한 관계 서류

국회의 경우 요청사유서·추천서 등, 직업·학력·경력 사항, 병역 신고 사항, 재산 신고 사항, 세금 납부 및 체납 실적 사항, 범죄 경력 사항 등 6개이다.

반면 지방의회의 경우 인사청문회 요청 시에 첨부 또는 제출하여야 하는 서류는 서울시의회와 서울시 관악구의회가 14개로 가장 많고 나머지 지방의회에서는 5개에서 9개 정도이다. 이는 대체로 가장 먼저 실시되었던 국회 사례를 벤치마킹하고 각 지방의회별로 검증에 필요하다고 판단되는 서류를 추가 보완했기 때문인 것으로 추정된다.

특히 여기서 주목할 점은 서울, 서울 관악, 인천, 광주, 대전, 경남, 경북, 대구, 울산, 전북 등 지방의회에서 개인정보제공동의서와 인사청문회 공개동의서 등을 제출하도록 정하고 있는데, 이는 법적 근거 없이 시행하고 있는 인사청문제도 운영 과정에서 나타날 수 있는 법적 분쟁을 사전에 예방하기 위한 조치로 볼 수 있다. 이 또한 협약 내지 의회 예규 등에 의한 인사청문회 제도 운영의 한계이다.

3) 질의요지서 제출, 출석요구서 송달 및 자료제출 요구

국회 및 지방의회에서 실시하는 인사청문회를 효율적으로 진행하기 위한 질의요지서 제출기한, 증인 등 출석요구서 송달 및 자료제출 요구 등에 관한 사항은 <표 5-4>와 같다.

표 5-4 국회 및 지방의회별 질의요지서 제출기한 등에 관한 비교

구 분	질의요지서 제출기한	출석요구서 송달	자료제출 요구
국회	개회 24시간 전까지 (서면질의는 개회 5일 전 송부, 개회 48시간 전 답변서 제출)	출석요구일 5일 전	위원회 의결 또는 재적의원 3분의 1 이상의 요구로 5일 이내에 제출 (기간 내 미제출 시 사유서 첨부)
서울시의회	청문회 3일 전까지 (서면질의는 청문회 3일 전까지 송부하고 후보자는 청문회 24시간 전까지 답변서 제출)	청문회 3일 전	위원장을 거쳐 요구 가능하며, 청문회 24시간 전까지 제출
부산시의회	–	–	추가자료 요청 시 성실히 응해야 함
인천시의회	–	출석요구일 3일 전	위원회 의결 또는 위원이 요구 시 자료제출일 3일 전까지
광주시의회	–	–	추가자료 요청 시 성실히 응해야 함
대전시의회		출석요구일 3일 전	–
경기도의회	–	–	추가자료 요청 시 성실히 응해야 함
강원도의회	청문회 개회 48시간 전까지	–	–
전북도의회	청문회 개회 48시간 전까지		
전남도의회	청문회 개회 48시간 전까지 (서면질의: 청문회 개회 5일 전까지 송부, 청문회 개회 48시간 전까지 답변서 제출)	–	–

제주도의회	청문회 개회 48시간 전까지 (서면질의: 청문회 개회 5일 전까지 송부, 청문회 개회 48시간 전까지 답변서 제출)	출석요구일 5일 전	위원회 의결 또는 재적의원 3분의 1 이상 요구로 가능
경북도의회	인사검증회의 개시 72시간 전까지 송부, 24시간 전까지 답변서 제출	출석요구일 3일 전	–
대구시의회	인사청문일 4일 전까지 송부, 2일 전까지 자료와 답변서 제출	–	인사청문일 4일 전
서울 관악구의회	청문회 개최 3일 전까지 송부	출석요구일 3일 전	–

국회는 인사청문회 개회 24시간 전까지 질의요지서를 송부한다(서면 질의는 5일 전까지, 인사청문회 개회 48시간 전까지 답변서 제출). 인사청문회에 필요한 증인 등의 출석요구서는 5일 전까지 송달하고, 위원회 의결 또는 재적의원 3분의 1 이상의 요구로 5일 이내에 필요한 자료의 제출을 요구할 수 있다.

반면 지방의회의 경우 서울시의회와 제주도의회는 질의요구서 제출기한, 증인 등 출석요구서 송달, 자료제출 요구 절차 등에 관해 모두 규정하고 있으나, 나머지 지방의회에서는 각 지방의회의 사정에 따라 필요하다고 판단한 사항에 대해서만 그 절차와 방법 등을 정하고 있다. 그러나 현재 지방의회가 실시하고 있는 인사청문회는 법적 근거가 취약하고, 인사청문을 준비하는 과정에서 단체장과 지방의회 상호 간 갈등이 발생할 경우 폐지될 우려도 존재한다. 따라서 이에 대한 대비 차원으로 질의요지서 제출기한과 증인 등 출석요구서 송달, 그리고 자료제출 요구의 절차와 요

건 등에 대해서도 명확히 규정함으로써 논란의 소지를 사전에 제거할 필
요가 있다.

4) 청문회 회의 공개, 답변 거부 및 제척·회피 등

국회 및 지방의회에서 실시하는 인사청문회 회의 공개, 답변 등 거부, 제
척과 회피, 비밀유지 및 주의의무 등에 관한 사항은 <표 5-5>와 같다.

표 5-5 국회 및 지방의회별 청문회 회의 공개 등에 관한 비교

구 분		청문회 공개여부	답변 등 거부	제척과 회피	비밀유지 및 주의의무
국회		공개원칙, 위원회 의결로 비공개 가능	가능 (거부시 사유 소명)	○	○
광역	서울시의회	공개원칙, 위원회 의결로 비공개 가능	가능	-	○
	인천시의회	공개원칙, 위원회 의결로 비공개 가능	가능 (거부시 사유 소명)	○	○
	광주시의회	-	-	-	○
	대전시의회	공개원칙, 위원회 의결로 비공개 가능	가능 (거부시 사유 소명)	○	○
	경기도의회	공개	-	-	○
	강원도의회	공개원칙 (단, 예외 있음)	-	-	-
	울산시의회	공개	-	-	○
	전북도의회	1차(도덕성 검증): 비공개	-	-	○

		2차(업무능력 검증): 공개 ※ 위원회 의결로 비공개 가능			
	전남도의회	공개원칙, 위원회 의결로 비공개 가능	–	–	○
	제주도의회	공개원칙, 위원회 의결로 비공개 가능	가능 (거부시 사유 소명)	○	○
	경북도의회	공개원칙, 위원회 의결로 비공개 가능	–	○	–
	대구시의회	공개원칙, 위원회 의결로 비공개 가능	–	–	○
기 초	관악구의회	공개원칙, 위원회 의결로 비공개 가능	–	–	–

국회의 인사청문회는 원칙적으로 공개하되, 특별한 경우에 한하여 위원회 의결로 비공개가 가능하고 청문대상자의 보호를 위해 특정 사안에 대해서는 답변 등을 거부할 수 있는 근거를 마련하고 있다. 또한 인사청문회와 관련한 제척과 회피 규정을 두고 있으며, 인사청문 과정에서 습득한 정보의 비밀유지 및 주의의무 등을 명백히 규정함으로써 청문진행과정에서 발생할 수 있는 갈등과 논란을 사전에 방지하고 있다.

그러나 지방의회 인사청문회는 전라북도의회(1차 도덕성 검증은 비공개)[3]를 제외하고는 대체로 국회와 같이 공개하는 것을 원칙으로 정하고 있지만, 예외적인 경우에 비공개로 진행할 수 있도록 하고 있다. 인사청문회의 공개원칙은 주민들의 알 권리 확보 차원에서도 매우 중요한 요소다. 따라

---

3) 충청북도의회의 경우에도 도덕성 검증은 비공개, 전문성·정책 검증은 공개를 원칙으로 하고 있다.

서 가급적 모든 인사청문과정을 공개함으로써 주민의 알 권리를 보장할 필요가 있고, 회의록과 인사청문경과보고서 등도 함께 공개하는 것이 바람직하다.

한편, 인천·대전·제주 등 일부 지방의회를 제외하고는 답변 등 거부, 제척과 회피, 비밀유지 및 주의의무에 대한 사항 모두를 다루지 않고 있어서 향후 인사청문 과정에서 단체장과 지방의회, 또는 지방의회와 청문 대상자 사이에 갈등을 야기하거나 추진과정에서 혼란을 초래할 우려가 있다. 지방의회에서는 국회, 인천시의회, 대전시의회, 제주도의회 등의 사례를 참조해 이들 사항에 대해서도 보다 명확하게 규정함으로써 논란을 사전에 방지할 필요가 있다.

3. 인사청문 실시 후 절차 및 효력 등

국회와 지방의회에서 도입·운영 중인 인사청문 실시 후 청문처리방식, 청문결과에 대한 인사권 기속여부, 청문기한 내 미처리 시 조치 등에 관한 사항은 <표 5-6>과 같다.

표 5-6 인사청문 실시 후 청문결과 처리방식 등에 관한 비교

구 분		청문처리방식	인사권 기속여부	청문기한 내 미 처리시 조치
국 회	인사청문 특별위원회	본회의 의결 (과반수 출석, 과반 수 이상 찬성)	기속 (부결 시 임명불가)	-
	상임위원회 인사청문회	경과보고서 대통령 에게 송부	기속하지 않음	기한 내 경과보고서 미송부 시 임명권자 가 10일 이내 범위

				에서 국회에 송부 요청, 미송부 시 임명 가능
광역	서울시의회	후보자에 대한 인사청문회 경과보고서를 시장에게 송부 (적격여부 등 종합의견 기재)	기속하지 않음	후보자 임명 가능
	인천시의회	인사간담회 후 지체없이 경과를 의장에게 보고, 경과보고서 시장에게 송부	기속하지 않음	임용 절차 이행 가능
	광주시의회	청문회 후 5일 이내에 경과보고서 본회의 보고, 시장에게 송부 〔종합의견(장·단점) 기재〕	기속하지 않음	-
	대전시의회	청문간담회 후 3일 이내에 보고서 의장에게 제출, 지체 없이 시장에게 송부 (적격여부 등 종합의견 기재)	기속하지 않음	-
	울산시의회	시장은 인사청문 경과보고서를 참작하여 임용후보자의 임명 여부를 결정	기속하지 않음	후보자 임용 가능
	경기도의회	청문요청일부터 10일 이내에 청문 결과를 임명권자에게 송부	기속하지 않음	후보자 임명 가능

강원도의회	청문회 후 3일 이내에 경과보고서 본회의 보고, 도지사에게 송부	기속하지 않음	의견 없음으로 간주
전북도의회	의장은 본회의 보고 후 경과보고서를 지체 없이 도지사에게 송부	기속하지 않음	의견 없음으로 간주
전남도의회	청문회 후 2일 이내에 경과보고서 본회의 보고, 지체 없이 도지사에게 송부	기속하지 않음	의견 없음으로 간주
제주도의회	청문회를 마친 날부터 3일 이내에 경과보고서 의장에게 제출	기속하지 않음	후보자 임용 가능
경북도의회	인사검증회의를 마친 날부터 7일 이내에 본회의 보고, 의장은 즉시 도지사에게 송부	기속하지 않음	-
대구시의회	후보자에 대한 인사청문회 경과보고서를 시장에게 송부	기속하지 않음	-
충북도의회	청문 요청일로부터 15일 이내 청문결과를 도지사에게 송부	-	-
충남도의회	청문 요청을 받은 날부터 20일 이내에 인사청문회 보고서를 임명권자에게 송부	-	-

기 초	서울 관악구의회	위원장이 후보자에 대한 인사청문회 경과보고서를 시장에게 송부	기속하지 않음	후보자 임명 가능

국회의 인사청문특별위원회에서 실시한 인사청문회의 경우 그 결과에 대한 본회의 의결을 거친 후에야 임명이 가능하고, 부결 시에는 임명이 불가하다. 반면 국회 상임위원회에서 실시한 인사청문회는 후보자의 적격 여부 등을 포함한 경과보고서를 대통령에게 송부하되, 인사권자의 임명권을 기속하지 않는다.

지방의회 인사청문회의 경우 청문결과 또는 경과보고서 등을 단체장에게 송부하되, 임명권자의 인사권을 기속하지 않는다. 대체로 청문기한 내 미처리 시에는 인사청문회와 관계없이 단체장이 후보자를 임명하거나 후속절차를 진행하는 형태로 운영하고 있다.

지방의회가 단체장에게 송부하는 인사청문 경과보고서와 관련해 서울·광주·대전·경북 등의 지방의회는 적격 여부 등 종합의견을 기재토록 하고 있다. 나머지 지방의회에서도 이를 참조하여 적격 여부를 경과보고서에 명확히 기재하게 해야 한다. 인사청문 결과가 단체장의 인사권을 제약할 수 없는 한계가 있다. 그러나 지방의회가 인사청문 실시 후 후보자의 적격 또는 부적격 등의 의사표시를 하는 것은 단체장에게 정치적 부담을 주면서 인사권의 행사를 간접적으로 제약할 수 있는 하나의 수단으로 작용할 수 있다.

4. 소결 및 종합

이상을 종합해 보면, 국회의 인사청문회는 대체로 「국회법」과 「인사청문회법」에 따라 청문 주체 및 구성, 절차와 진행방법, 청문 실시 후 절차 및 효력 등에 대하여 명확하게 규정하고 있어 인사청문 과정에서 특별한 경우를 제외하고는 운영상 논란과 갈등이 발생할 여지가 적다.

반면에 지방의회의 인사청문회는 제주도를 제외하고는 의회 지침이나 예규, 그리고 단체장과 지방의회 간의 협약에 의하여 운영되고 있으며, 세부적인 사항을 규정하지 못한 채 청문주체와 대상, 절차와 진행방법 등 일부 사항만을 정하고 있다. 이는 청문 과정에서 단체장과 지방의회 간 또는 지방의회와 청문대상자 간 갈등과 혼란이 발생할 소지가 매우 높다. 따라서 지방의회에서도 국회 또는 제주도의회 등의 사례를 참조하여 인사청문의 절차와 방법 등에 대한 보다 세부적인 규정이나 합의를 도출할 필요가 있다. 서울시의회와 같이 협약에서 정하지 않는 사항은 관련 조례와 회의규칙 등을 적용하는 방안을 고려해 볼 수도 있을 것이다.

06

성과와 한계

06

성과와 한계

1. 성과

현재의 지방의회 인사청문제도는 인사청문 결과가 단체장의 인사권을 제약할 수 없다. 즉 지방의회가 공직후보자로서의 자격이나 도덕적 결함의 문제를 지적하면서 부적격 의견을 제시한 경우에도 단체장은 해당 후보자를 임명할 수 있다. 지방의회 인사청문의 구속력 문제는 제도의 무용론이나 도입의 찬반 논쟁으로 이어지고 있다. 그럼에도 불구하고 지방의회 인사청문제도는 다음과 같은 일정한 성과를 내고 있다.

첫째, 지역주민의 알 권리를 보장한다. 지방공기업 등 지방자치단체 주요 직위에 대한 임용 과정이 인사청문제도를 통해 지역주민과 언론 등에 노출되고, 지방의회 차원의 공개검증 과정을 거쳐 후보자의 능력과 자질, 도덕적 흠결 등에 관한 시민의 알 권리가 충족되고 있다. 지방의회 차원의 인사청문제도가 전혀 도입되지 않았던 과거의 '깜깜이 인사'에서는 확인할 수 없었던 후보자에 대한 정보 접근성이 확보되고 있다.

둘째, 임용의 정치적 정당성을 부여하고, 임용 이후 리더십 확보에도 유용하다. 정실인사 및 보은인사를 차단하고, 능력과 자질 측면에서 부적격자의 임용을 방지하려는 인사청문제도 본연의 목적이 어느 정도는 달성되고 있다. 단체장의 인사권에 대한 일부 견제를 통해 단체장 단독의 임용권 행사가 지니는 문제점을 일정 부분 해소하고, 주민의 대표기관인 지방의회가 임용의 정치적 정당성을 부여할 수 있다. 임용의 정치적 정당성 확보는 임용 이후 업무수행 과정에서의 리더십 확보에도 긍정적으로 기여한다.

셋째, 지방의회와 단체장 간의 협치를 촉진시킨다. 현재 단체장의 인사권에 대해 지방의회가 견제할 수 있는 실질적 권한이 없는 상황에서 인사청문제도 채택의 가장 강력한 행위자는 단체장이다. 인천시에서 송영길 시장 재임 시 시행했던 인사간담회에 대해 후임자인 유정복 시장의 수용 여부가 논란이 되었던 사례를 보더라도 현재 지방자치단체 인사청문제도 도입은 단체장의 의지가 결정적이다. 인천, 대전, 경기 등 인사청문제도를 채택한 대부분의 경우 단체장이 먼저 제도 도입을 선거 공약으로 제시하고, 당선 이후에는 의회와의 합의를 통해 도입하고 있다. 특히 제주도의 경우는 부단체장과 감사위원장을 제외한 나머지 인사에 대해서는 인사청문을 하지 않아도 되는 상황임에도 불구하고 자치단체가 자발적으로 그 대상을 행정시장 및 산하공기업으로까지 확대·시행하고 있다. 이는 단체장과 지방의회 간의 정치적 합의의 산물이며, 지방정치를 둘러싼 협치의 산물이다. 즉 인사청문제도에 관한 법적 근거가 없다 하더라도 단체장과 지방의회 간의 합의와 원활한 협치가 이루어진다면 지방자치단체 스스로 새로운 제도나 정책 도입이 가능하다는 사실을 보여준다.

넷째, 지방자치단체 주요 직위 후보자에 대한 검증을 통해 부적격 인사의 배제라는 제도의 목적을 일정 부분 달성하고 있다. 지방의회 인사청문제도가 법·제도적 불안정성과 법령상 근거 부재로 실효성이 없다는 지적에도 불구하고 실질적인 효과가 나타나고 있다. 현재 몇몇 지방의회가 실시하고 있는 인사청문회 관련 지침·협약에 단체장이 청문결과에 구속되도록 강제하는 명시적인 규정은 없으나, 일부 후보자들이 청문과정 혹은 청문 준비과정에서 자격논란으로 인해 자진사퇴하는 경우가 나타나고 있다. 경기중소기업종합지원센터 대표 후보자는 경기도의회 인사청문회 과정에서 부동산 투기 등 각종 의혹이 제기돼 자격 논란이 불거졌고, 후보 지명 20여 일 만에 자진 사퇴했다.[1] 제주시장 예정자는 인사청문회 과정에서 음주 교통사고 전력 등을 이유로 부적격 논란이 일자 청문 다음날 자진 사퇴했다.[2] 2018년 5월 기준으로 총 76회 인사청문회가 실시되었고 그 중 9명이 낙마하거나 중도 사퇴했다. 그 결과 일부 언론과 시민단체를 중심으로 현재 지방의회가 실시하고 있는 인사청문제도가 법적 구속력이 약한 상황에서도 부적격 후보자의 자진사퇴를 유도함으로써 인사청문의 실질적인 효과를 보고 있다는 긍정적인 평가가 제시되고 있다.

마지막으로, 지방의회 차원의 인사청문제도 도입이 점차 확산되고 있는 추세이다. 2006년 제주도의회를 시작으로 2011년 인천 등이 인사청문제도를 선도적으로 도입한 이후 광역의회에서 광역의회로, 광역의회에서 기초의회로까지 확산이 진행되고 있다. 2016년 이전에는 주로 광역의회를 중심으로 수평적 확산이 진행되어 왔지만, 최근 들어서는 경기 용인시의회, 서울 관악구의회, 경기 광명시의회, 서울 강동구의회, 경기 과천시의회, 경기 의왕시의회 등 여러 기초의회가 순차적으로 인사청문제도를 새로 도입하는 등 수직적·수평적 차원의 확산도 진행되고 있다. 향후에도 지방의회 차원의 인사청문회는 더욱 확산될 것으로 전망한다.

2. 한계

현재 일부 자치단체를 중심으로 도입·운영하고 있는 지방의회 인사청문제도의 일정한 효과에도 불구하고 제도 본연의 목적을 효과적으로 달성하기에는 다음과 같은 한계가 있다.

---

1) 아시아경제, 2014.9.19., 경기도 인사청문 기관장 첫'낙마'…최동규대표'사퇴'.
2) 연합뉴스, 2014.10.30., 원희룡 제주지사 협치 '위기'…기관장 인사 '파열음'.

첫째, 법적인 한계이다. 제주특별자치도의 정무부지사와 감사위원장을 제외하고는 현재 지방자치단체 주요 직위와 산하기관장 등에 대한 인사청문제도의 법적 근거가 부재하여 제도의 안정성과 지속성에 한계가 있다. 경상남도 홍준표 지사와 도의회 간의 사례에서 보듯이 단체장과 지방의회 간의 갈등으로 협약이 사실상 파기되거나, 단체장이 의회 예규를 따르지 않을 경우에도 지방의회 차원에서 대응할만한 특별한 법적 수단이 없다.

둘째, 청문회 결과의 구속력 문제이다. 현재 시행되고 있는 지방의회 인사청문제도의 대부분은 청문 결과가 단체장의 임명권 행사를 구속할 수 없다. 협약 등에는 인사청문기한 내 경과보고서를 단체장에게 송부하지 아니할 경우 단체장은 임용권을 행사할 수 있다고 규정하고 있다. 청문회 결과의 구속력 문제는 단체장 인사권 행사 견제의 실효성과 인사청문제도 자체가 형식적인 절차 혹은 거수기로 전락할 가능성 논란으로 귀결되고 있다. 지방의회 청문 결과가 부정적임에도 불구하고 단체장의 임명 강행에 대한 통제 수단이 없고, 오히려 정치적 혼란을 초래할 가능성이 높다.

셋째, 후보자 검증을 위한 자료제출에 관한 문제이다. 지방의원은 면책특권이 없고, 후보자에 관한 정보를 획득하는 데 한계가 있다. 현재 인사청문과 관련하여 대부분의 지방의회는 협약이나 의회예규로 서류제출 목록을 적시하고 있으며, 주로 학력, 경력, 병역, 범죄, 재산, 세금납부 실적 등이다. 다만, 광주시의회의 경우는 의회가 요청한 관계서류를 제출서류목록에 포함하고 있어 상대적으로 그 범위가 넓은 편이나 법적 근거가 없어 자료제출거부가 발생하게 될 경우 이를 둘러싼 정치적 갈등과 혼란이 초래될 가능성이 있다.

넷째, 후보자의 검증기준에 대한 문제이다. 현재 대부분의 지방의회에서는 전문성과 경영능력, 자질과 도덕성 등을 주로 검증하는 것으로 협약·예규에 규정되어 있으나, 그 세부적인 검증기준이 부재한 실정이다. 특히 서울시의회의 경우 검증기준으로 도덕성이 제외되어 있는 한계가 있다.

다섯째, 인사 검증기간에 관한 사항이다. 청문기간이 보통 1~2일이며,

경기도는 8시간으로 제한하는 등 시간적으로 매우 부족하다. 신속한 검증
이라는 측면의 장점에도 불구하고, 촉박한 일정으로 인한 부실 검증 우려
가 있고, 청문과정이 단순 통과의례로 전락할 수 있다. 청문기간은 현행보
다 더 늘려서 보다 충분한 청문시간을 확보할 필요가 있다. 대부분의 지
방의회가 인사청문요청일 또는 인사청문요청서 회부일로부터 짧게는 7일,
길게는 20일 이내에 청문을 실시하고 결과보고서를 송부해야 하는 등 인
사청문 준비기간마저도 충분치 않아 내실있는 인사청문을 실시하는 데 어
려움이 있다.

　여섯째, 청문의 공개 문제이다. 현재 대부분의 지방의회는 공개를 원칙
으로 하되, 위원회 의결 등으로 비공개할 수 있도록 하고 있다. 경기도의
회는 당초 비공개/공개 검증이라는 이원적 형태를 유지해 오다가 최근에
공개하는 것으로 변경되었고, 광역의회 중 전북도의회와 충청북도의회가
1차 도덕성 검증은 비공개, 2차 업무·정책능력 검증은 공개를 원칙으로
운영되고 있다. 지방의회 인사청문이 가지고 있는 주민의 알 권리 확보
측면에서 청문과정은 공개를 원칙으로 하는 것이 바람직하다. 다만, 후보
자의 사생활 침해 혹은 명예훼손 등에 대한 신변보호 장치가 마련될 필요
는 있다.

　한편, 용인시의회, 하남시의회 등 일부 기초의회에서는 인사검증 제도
를 두고 있으면서도 정식 회의가 아니라는 이유로 비공개하고, 회의록 등
도 남기지 않는 사례가 있다. 이는 다음과 같은 언론보도를 통해서도 알
수 있다.

　　용인시의회는 2014년부터 집행부와 협약을 통해 도시공사, 문화재단 등
　　4개 출자·출연 기관장에 대한 임용 과정에서 의회 의견청취 방식의 인
　　사 검증 제도를 두고 있지만 정식 회의가 아니란 이유로 모든 내용을
　　비공개하고 회의록도 남기지 않는다.

하남시는 자체 인사청문위원회를 통해 지난해 6월 신임 도시공사 사장 인사청문회를 진행했지만 녹취 금지 및 자료 미제공 등으로 사실상 비공개 논란이 일어 청문 제도 유지 여부를 재검토 중이다.3)

본래 인사청문회는 단체장의 인사권 행사에 대한 견제와 깜깜이 인사를 방지하기 위한 것이나, 이를 비공개하고 회의록도 남기지 않는 것은 또 다른 차원의 깜깜이 인사 방식이 될 수 있다.

일곱째, 실제 후보자에 대한 청문을 진행할 지방의회 및 지방의원의 역량에 관한 사항이다. 현실적으로 짧은 시간에 효과적이고 철저한 인사검증을 수행할 수 있는 역량이 확보되어야 한다. 실제 인사청문을 수행한 경험이 있는 지방의원을 대상으로 한 인터뷰에서 인사청문회 운영의 어려움으로 '인사검증을 준비할 시간이 부족하고 보좌직원도 충분치 못한 상황에서 철저한 인사검증을 실시하는 데 현실적으로 상당히 무리가 있다'는 의견이 가장 많이 제시되었다. 효과적인 인사청문을 위한 역량으로 지방의원 개개인의 전문성도 중요하지만 이들을 보좌해 줄 인력도 필요하다. 지방의회 및 지방의원에게 부과된 물적·시간적 제약으로 인해 오히려 부실한 인사검증이 이뤄진다는 비판이 있다. 제대로 된 인사검증을 위해서는 지방의원의 전문성 강화와 함께 이들을 보좌해 줄 전문인력의 충원도 고려해 봐야 한다.

여덟째, 인사청문회 절차와 방법 중 질의요지서 제출기한, 증인 등 출석요구서 송달, 자료제출 요구, 답변 등 거부, 제척과 회피, 비밀유지 및 주의의무 등과 관련하여 일부 지방의회를 제외하고는 대체로 모든 사항을 일일이 다루고 있지 않아 향후 인사청문 과정에서 새로운 갈등과 논란을 야기할 수 있다.

마지막으로, 주민 또는 민간 전문가 등의 참여제도 부재이다. 지방자치

3) 경인일보, 2022.8.12., 지방의회 인사청문 없거나 유명무실… 지자체 산하기관장 임용에는 '노터치'

부활 이후 자치단체의 주민참여제도가 진일보해 오고는 있으나, 현재 인사청문회와 관련하여 주민 또는 외부 전문가 등의 참여 통로가 없는 실정이다. 30여년 만에 지방자치법이 전부개정되어 2022년 1월 13일부터 시행한 지방자치법 제17조제1항에 '주민은 법령으로 정하는 바에 따라 주민생활에 영향을 미치는 지방자치단체의 정책의 결정 및 집행 과정에 참여할 권리를 가진다'고 규정하고 있다는 점을 감안해 주민 또는 외부 전문가 등의 참여 방안을 검토해 볼 필요가 있다.

더 나은 지방의회 인사청문회를
위하여

07

더 나은 지방의회
인사청문회를 위하여

1. 법적 근거 마련

현재에도 16개 광역의회와 6개 기초의회 등이 이미 인사청문제도를 도입·시행 중이고, 일정한 성과가 나오고 있는 만큼 국회와 중앙정부의 전향적인 조치가 필요하다. 가장 시급한 사항은 바로 법적인 근거를 마련하는 것이다.

먼저, 개정 대상 법령을 무엇으로 할 것인가의 문제이다. 현재 광역의회에서 정무직 부지사, 지방공기업 사장, 출자·출연기관의 장 등 다양한 직위의 후보자를 대상으로 인사청문제도를 도입·운영하고 있다는 점을 고려할 필요가 있다. 「지방공기업법」은 지방공기업만 해당하고 「지방자치단체 출자·출연 기관의 운영에 관한 법률」은 출자·출연기관만 해당되어 두 법 모두를 개정한다 하더라도 정무직부지사 등 일부 직위가 제외될 수 있다는 점에서 「지방자치법」을 개정하거나 「지방의회법」의 제정을 통해 법적 근거를 마련하는 것이 보다 합리적이라고 판단된다.

다음으로 법률에서는 인사청문회 도입에 관한 근거를 두되, 협약·의회 예규 등을 통해서 운영되고 있는 만큼 단체장과 지방의회가 자율적인 협의를 통해 실시할 수 있도록 해야 한다. 아울러, 해당 지방자치단체 주민 또는 민간 전문가의 참여 근거를 마련하는 방안도 검토해 볼 필요가 있다. 다만, 인사청문회와 주민 등의 참여에 관한 세부적인 절차, 운영방식, 인사청문 대상과 범위 등에 관해서는 지방의회에 자율성을 부여하여 조례로 위임하는 형태가 타당하다. 지방의회별로 청문대상과 범위가 부단체장, 지방공기업, 출자·출연기관, 행정시장 등으로 상이하므로 법률에서 일률적으로 정하기보다는 지방자치단체 내부 여건과 제반 사정을 고려해 스스로 정할 수 있도록 해야 한다. 지방의회 인사청문회 제도의 법제화 내지 제도화를 위한 법률개정안을 제시하면 다음과 같다.

표 7-1 지방자치법 또는 지방의회법 개정안 예시

제00조(인사청문회) ① 지방의회는 지방자치단체의 장(교육감을 포함한다)과 상호 협의하여 인사청문회를 열 수 있다.
② 지방의회는 제1항의 인사청문회에 해당 지방자치단체의 주민이 참여할 수 있는 방안을 마련하고 이를 시행하여야 한다.
③ 인사청문회의 대상자, 검증기준, 운영 절차 및 방법 등에 관한 구체적인 사항은 해당 지방자치단체의 조례로 정한다.

한편, 협약과 의회예규 등에 의해 도입·운영되는 현재의 인사청문제도 하에서는 인사청문 대상자의 개인정보제공이나 회의의 공개, 인사청문 실시 등에 대한 동의서를 제출토록 함으로써 예상치 못한 법적 분쟁을 사전에 방지할 필요가 있다. 특히 지방의원은 국회의원과 달리 면책특권이 없으므로 인사청문 과정에서 발생할 수 있는 사생활 침해 또는 명예훼손 등의 발언에 대하여 민·형사상의 책임을 져야 하는 일종의 핸디캡을 안고 있다. 이는 지방의원이 인사청문 과정에 소극적으로 임하게 되는 하나의 요인으로 작용할 수 있기 때문에 이 부분에 대한 최소한의 보장책이 필요하다.

2. 인사청문회 결과의 구속력 확보

지방의회 차원의 인사청문회가 형식적인 절차로 끝나지 않기 위해서는 청문 결과에 따라 단체장의 임용권을 일정 부분 제약하는 방안의 모색이 필요하다. 많은 시간과 노력을 들여 공직후보자의 능력과 도덕성 등 검증을 위한 인사청문회를 거쳤다면 그 결과에 어느 정도 구속력을 갖도록 하는 방안을 고려해 보아야 한다. 구체적인 방안을 제시하면, 첫째, 인사청문회 실시 후 지방의회의 동의를 얻어야 하는 직위와 인사청문회 실시만으로 단체장이 임용권을 행사할 수 있는 직위 등을 구분하는 이원적 구조를 검토해 볼 수 있다. 둘째, '단체장은 지방의회의 청문 결과를 최대한 반영하여 공직후보자를 임명한다'라는 문구를 삽입하는 방안이다.

한편, 대전시의회 등 일부 지방의회는 청문 결과에 따른 공직 적격여부를 결과보고서에 기재하도록 명문화하고 있다. 정치적 의미에서 지방의회의 인사청문 결과에 따른 적격, 부적격 여부 등에 대한 최종적인 판단을 인사청문 결과보고서에 반드시 기재하도록 규정할 필요가 있다.

3. 후보자 검증기준과 관련 자료제출의 명시

공직후보자의 검증기준을 보다 명확히 할 필요가 있고 이와 관련된 자료의 제출을 명시하는 방안 마련이 필요하다. 즉 대부분의 지방의회에서는 경영능력과 전문성, 청렴성, 도덕성 등을 검증하겠다고 규정하고 있으나 그 구체적인 내용에 대해서는 적시되지 않고 있다. 구체적인 검증기준이 부재하여 이와 관련된 제출서류도 포괄적이지 못한 측면이 있다.

서울특별시의회의 서울형 인사청문제도 도입에 관한 연구(2019)[1]에서는 경영능력과 정책수행능력, 도덕성과 준법성 등 두 가지 검증항목에 대한 세부기준을 제시하고 있다. 이를 인용하면 다음과 같다.

전자의 세부기준으로는 ① 학력, 자격증 등 보유 자격 적합성, ② 과거 경력의 기관 적합성, ③ 기관 비전 및 미션 등에 대한 이해도, ④ 기관의 주요 현안사항에 대한 이해도, ⑤ 정책추진 능력 적합성, ⑥ 소통 능력 적합성, ⑦ 조직 관리 능력 적합성 등을 제시하고 있다.

후자의 세부기준으로는 ① 병역, ② 세금 탈루, ③ 부동산 투기, ④ 위장 전입, ⑤ 논문 표절, ⑥ 금전적 부당이득, ⑦ 권한 남용, ⑧ 거짓말, ⑨ 음주 운전, ⑩ 가치 논란, ⑪ 성희롱, 성폭력 등 성비위, ⑫ 과거 소속 기관 등에서의 징계 사실, ⑬ 각종 범죄 사실 등을 제시하고 있다.

단체장과 공직후보자는 앞서 제시한 각 세부기준을 검증하는데 적합한 서류를 인사청문요청서에 첨부하도록 명시적으로 규정할 필요가 있다.

4. 인사청문 기간 확대와 준비 내실화

지방의회별 인사청문기간을 살펴보면, 경기도의회는 8시간으로 제한하고 있고 제주도의회를 제외하고 대부분의 지방의회는 단 하루, 한 차례의 회의에 불과하다. 인사청문 준비기간도 최소 7일, 최대 20일 이내로 충분한 인사검증을 수행하는데 적절한 기간이라 할 수 없다. 인사청문회 준비기간은 20일 정도는 되어야 하고 청문기간도 확대될 필요가 있다. 통과의례 내지 거수기식의 인사청문회가 이뤄진다면 무용론이 제기될 가능성이 높다. 보다 내실 있고 실효성 있는 인사청문회를 위해서는 인사청문회 준비기간을 충분히 두고, 회의 일수를 최소 2일 이상은 확보해야 한다.

---

1) 서울특별시의회. (2019). 서울형 인사청문제도 도입에 관한 연구 용역보고서.

한편 지방의회 인사청문회가 이미 상당 기간 실시된 점을 감안하면, 류춘호(2018)의 연구에서 주장하는 바와 같이 인사청문회 노하우와 전략 등을 집대성한 가칭 지방의회별 '인사청문회 업무편람' 등을 제작해 그 성과의 축적과 함께 내실화를 기해야 한다.2)

5. 인사청문회의 공개

기왕에 실시하는 인사청문회라면 그 과정과 절차 등이 투명하게 해당 지역 주민들에게 공개되어야 한다. 공개 범위는 회의를 비롯한 청문결과 보고서, 관련 부속서류 및 속기록 등이 포함되어야 한다. 그래야만 주민의 알 권리가 보장되고 과거 깜깜이식 인사권 행사의 문제점을 해소할 수 있을 것으로 기대한다. 전라북도의회와 충청북도의회는 도덕성 검증과 관련해 비공개로 하고 있으나 이를 공개로 전환할 필요가 있다. 부득이하게 비공개할 필요성이 있다면 국회를 비롯한 서울시의회 등 일부 지방의회 인사청문회와 같이 특정한 경우에 한해 비공개로 전환할 수 있도록 그 예외사항을 규정하면 될 것이다. 즉 원칙은 공개하되, 예외적인 경우에 한해 비공개토록 개선할 필요가 있다. 일부 지방의회에서는 공식 회의가 아닌 간담회 형식으로 추진되어 비공개하는 경우가 있는데, 이는 하루속히 공개하는 것으로 전환되어야 한다.

한편, 유수동·임정빈(2022)의 연구에 따르면 인사청문제도의 투명성은 주민들의 기대효과에 긍정적인 영향을 미치는 것으로 조사되었다. 이처럼 주민에게 공개하는 인사청문회는 그 결과에 대한 정치적 영향력과 제도 운영의 실효성을 확보하는데도 좋은 기반이 될 수 있다.3)

---

2) 류춘호. (2018). 지방의회의 인사청문회 도입 논리와 전략. 한국정책학회 추계학술발표 논문집, 2018: 120 – 176.

6. 지방의원 전문성 향상과 보좌인력의 확대

현재 지방의원 4명당 1명의 정책지원관의 지원을 받을 수 있으나, 2023년부터는 의원 2명당 1명의 지원을 받을 수 있는 구조로 바뀐다. 그럼에도 불구하고 여전히 의원 1명당 1명의 지원구조가 되지 못해 담당 의원 간 정당을 달리하거나, 그 의견이 통일되지 못할 경우 인사청문회 실시 과정에서 정책지원관의 업무 추진 등을 두고 혼란이 발생할 수 있다. 이를 해결하기 위해서는 먼저 의원 1명당 1명의 정책지원관 배치가 이뤄져야 한다. 이 때 인사청문회에 대한 업무지원을 두고 법령 해석상 문제가 될 수도 있다.[4] 즉 과연 인사청문회 지원업무가 정책지원관의 직무 범위에 포함되느냐를 두고 지방의원과 정책지원관 사이에 갈등이 발생할 수 있기 때문에 이를 명확히 규정할 필요가 있다. 제대로 된 인사검증을 위해서는 지방의원의 전문성 향상뿐만 아니라 이들의 의정활동을 지원해 줄 정책지원관 인력이 충원되고 그들의 직무 범위를 인사청문회까지 포함할 수 있어야 할 것이다.

---

3) 유수동·임정빈. (2022). 시민이 바라본 지방의회 인사청문제도의 기대효과에 관한 실증 연구: 제도적 기능, 투명성, 시민참여를 중심으로. 한국인사행정학회보, 21(1): 107-132.
4) 지방자치법 시행령에 따른 정책지원관의 직무범위는 다음과 같다.
제36조(정책지원 전문인력의 직무 등) ① 법 제41조제1항에 따른 정책지원 전문인력 (이하 "정책지원전문인력"이라 한다)은 지방의회의원의 의정자료 수집·조사·연구, 법 제47조부터 제52조까지와 제83조에 관련된 의정활동을 지원한다.

7. 인사청문 절차의 명확화

현재 제주도를 제외한 대부분의 지방의회는 인사청문 절차와 관련해 그 대강을 정하고 있을 뿐 구체적인 절차와 방법을 협약이나 의회예규 등에 모두 규정하지 못하고 있다. 그렇지 않아도 법적인 근거가 부재한 상황에서 인사청문회 절차와 방법, 즉 질의요지서 제출기한, 증인 등 출석요구서 송달, 자료제출요구, 답변 등 거부 시 제재방안, 비밀유지와 주의의무 등이 제대로 규정되어 있지 않다는 문제가 있다.

법적인 근거가 명확하게 마련되기 전까지는 서울시의회의 경우처럼 협약 등에서 정하지 아니한 세부적인 사항은 「행정사무감사 및 조사에 관한 조례」, 「회의규칙」 등을 준용할 수 있도록 이를 명확히 해야 한다. 그래야만 단체장과 지방의회 간 갈등과 혼란을 방지할 수 있을 것이다.

8. 인사청문 대상 확대

제주도의회는 법률과 조례, 의회예규 등에 따라 다양한 직위에 대한 인사청문회를 도입하고 있다. 일부 지방의회는 협약 등에 '향후 그 대상을 확대해 나간다'는 문구가 있는 만큼 단체장과 지방의회 간 합의를 통해 그 대상을 점차 확대하는 방안을 검토할 필요가 있다.

예를 들면, 광역의회의 경우 그 범위를 교육청까지 확대하는 것이다. 시·도지사의 인사권을 견제하기 위한 목적으로 인사청문회가 도입된 만큼 교육청의 일부 직위도 인사청문대상에 포함하는 방안을 검토해 볼 수 있다. 또한 시·도지사나 시장·군수·구청장의 경우 합의제 행정기관, 개방형 고위직 등에 대해서도 인사청문회를 도입하는 방안을 고려해 볼 수 있다. 요컨대 각 지방의회별로 청문 대상과 범위가 서로 다른 만큼 각 지방의회 실정에 맞게 점진적으로 청문대상을 확대해 나가는 것이 필요하다.

9.   인사청문 과정에의 주민참여

인사청문회 과정에 지역주민 또는 민간전문가 등이 참여할 수 있어야 한다. 예를 들면, 현재 법원에서 시행 중인 국민참여재판에 배심원제도를 운영하듯이, 지방의회 인사청문회 과정에 주민이 참여할 수 있는 인사청문 주민배심원제도 등의 도입을 검토해 볼 필요가 있다.

이외에도 최근 행정사무감사 준비 기간 중에 시민제보를 받는 지방의회가 점차 늘어나고 있다는 점을 감안해 인사청문회와 관련해서도 해당 지역의 주민들로부터 제보를 받는 창구를 개설하거나, 시민검증단을 운영하는 방안, 민간 전문가를 청문과정에 참여시키는 방안 등도 고려해 볼 수 있을 것이다. 단체장 – 지방의회 – 지역주민(또는 민간전문가) 3자 간 숙의를 통해 기관장 등 공직후보자를 검증하고 임용하는 구조를 만든다면 지방자치 본연의 취지를 살릴 수 있을 것이다.

한편, 유수동 · 임정빈의 연구[5])에 따르면, 시민참여가 지방의회 인사청문제도의 기대효과에 긍정적인 영향을 미치는 요인으로 분석되었다. 즉 지방의회 인사청문 과정에서 시민검증단, 배심원제 등 시민참여가 보장될수록 주민들이 인식하는 기대효과가 커질 수 있다는 시사점을 준다.

---

5) 유수동 · 임정빈. (2022). 시민이 바라본 지방의회 인사청문제도의 기대효과에 관한 실증 연구: 제도적 기능, 투명성, 시민참여를 중심으로. 한국인사행정학회보, 21(1): 107 – 132.

10. 인사청문 실시 전 단체장의 사전검증 내실화

단체장이 공직후보자를 지명하기 전에 사전검증을 내실화해야 한다. 이와 관련하여 비교적 오랜 역사를 가진 국회와 중앙정부의 사례는 참고할 만한 가치가 있다. 이명박 정부와 문재인 정부의 고위공직 예비후보자 사전질문서의 내용을 살펴보면 다음과 같다.

표 7-2 이명박 정부 사전검증 질문6)

항 목	문항수	주 요 질 문
1. 가족관계	9	본인 및 직계가족 대상 거주지, 국적, 영주권, 위장전입 등
2. 병역의무 이행	14	본인 및 아들의 면제여부, 병역내용, 부대배치 특혜 등
3. 전과 및 징계	20	징계위 회부, 감찰기관 조사 및 수사, 음주운전 등
4. 재산형성	40	부동산 투기, 가족명의 등기, 주식, 채권채무관계 등
5. 납세 및 경제활동	26	세금체납, 상속·증여세, 임대소득, 다운계약서 등
6. 학력 및 경력	12	학위취득상 문제, 사외이사, 시민사회단체 활동 등
7. 연구윤리 등	15	논문 위조·변조·표절, 논문 중복게재, 연구비, 용역 등
8. 직무윤리 관련	33	전관예우, 접대 및 선물, 부정청탁 및 알선행위 등
9. 개인 사생활 관련	31	도박, 폭력, 민사소송, 파산, 질병, 자녀유학, 결혼 등

6) 황영호·박대우. (2018). 국회 인사청문회의 전문성 제고 방안. 한국자치행정학보, 32(4): 383-404.

표 7-3 문재인 정부 사전검증 질문7)

항 목	문항수	주 요 질 문
1. 7대 비리	19	병역기피, 세금탈루, 불법적 재산증식, 위장전입, 연구부정 행위, 음주운전, 성 관련 범죄 연루
2. 기본 인적사항	7	성명, 주소, 현직, 학력, 주요경력, 가족관계
3. 국적 및 주민등록	13	본인과 가족의 외국 출생 및 외국영주권 보유 여부, 공무 해외출장 중 배우자나 가족 동반 등
4. 병역의무 이행	7	본인과 가족의 징병검사 및 군 입대 연기 등
5. 범죄경력 및 징계	9	본인과 가족의 범죄 및 수사 경력, 본인 징계여부 등
6. 재산관계	30	본인과 가족의 농지 및 임야 취득, 주택 및 상가 등 건물 취득 등
7. 납세의무 이행	35	본인과 가족의 부동산 임대, 상속 및 증여, 체납여부 등
8. 학력 · 경력	5	직장 근무 중 학위취득 여부, 사외이사 경력 등
9. 연구윤리	16	논문 중복게재, 자기논문 인용, 논문표절 등
10. 직무윤리	32	본인이나 배우자가 재직했거나 재직 중인 기관 및 단체의 가족채용, 직장 소유 재산의 사적이용 등
11. 사생활 및 기타	12	가족 폭력, SNS 활용, 과거 칼럼 · 사생활 관련 논란 등

　　단체장의 경우에도 중앙정부의 사례를 참고해 지방의회 인사청문회를 실시하기 전 또는 후보자를 지명하기 전 단계에서 사전검증이 이뤄질 필요가 있다. 단체장은 필요하다면 내부적 효력을 갖는 규칙을 제정해 사전검증 사항을 규정하는 것도 하나의 방안이 될 것이다.

---

7) 대통령기록관 및 연합뉴스, 2017.11.28., 고위공직 예비후보자 사전 질문서 주요 내용.

11. 인사청문제도의 평가 및 환류 시스템

지방의회가 인사청문회 검증 절차를 통해 적격으로 판단한 경우와 부적격으로 판단했음에도 단체장이 임용을 강행한 경우를 비교해 과연 지방의회의 검증절차가 타당했는지에 대한 평가가 이뤄지는 인사청문제도의 환류구조도 검토해 볼 필요가 있다. 인사청문회 제도가 유능하고 청렴한 인재를 채용하려는 시도라는 점에서 실제 성과 향상을 가져왔는지, 공공서비스의 질이 개선되었는지 평가하는 등의 환류시스템을 통한 선순환적 구조의 구축이 필요하다.

08

나 오 며

08

나 오 며

1991년 지방자치 부활 이후 「청주시 행정정보공개조례」는 「공공기관의 정보공개에 관한 법률」을 제정하도록 하는 데 결정적인 역할을 했다. 「광주광역시 북구 주민참여예산제 운영 조례」는 「지방재정법」상 예산편성과정에 주민참여를 보장하는 조항을 신설하는 데 기여했다.

구체적인 법적 근거가 없고, 중앙부처와 국회가 적극적으로 제도 도입에 나서지 않는 상황에서, 지방자치단체가 먼저 제도 도입을 통해 실험하고, 한계를 보완해 나가면서 국가적 차원의 제도로 자리잡을 수 있었다.

현재 지방의회 인사청문제도 역시 유사한 상황에 있다. 지방의회의 인사청문회 제도 도입·운영이 또 한 번 '지방이 중앙을 바꾸는 사례'가 되길 바란다. 일부 지방의회의 인사청문회 도입과 그 운영 과정에서 불거진 문제점이 다소 있다 하더라도 구더기 무서워 장을 못 담그는 우를 범하지 않길 바란다.

인사청문회는 단체장과 지방의회 어느 일방의 행위가 아니라 공동임명 행위의 과정이자 정치적 책임도 함께 나누는 것이라는 사고의 전환이 필요한 시점이다. 나아가 주민주권에 입각해 인사청문회 과정에도 주민참여 방안을 강구함으로써 단체장-지방의회-주민이 함께 고위공직자 등을 공동임명하는 구조를 만들어낸다면 지방자치 본연의 의미를 구현하는 또

하나의 계기가 될 것이다. 중앙정부와 국회의 전향적인 태도 변화가 있길 기대한다.

현재까지 인사청문회 제도가 시행되지 못하고 있는 지방의회도 이 책에서 논의된 다양한 사례를 참고해 인사청문회 제도를 조속히 도입하는 방안을 고려해 보길 바란다. 다음과 같은 3가지 방안을 제안한다.

첫째, 지방의회별 소관 상임위원회 또는 별도의 특별위원회를 구성해 단체장의 임용권 행사 후 사후적으로 경영능력 등을 검증하고, 그 결과를 단체장에게 송부하는 것이다. 이 절차는 공개된 장소에서의 회의 형태로 개최하고, 그 내용을 지방의회 회의록으로 남길 필요가 있다. 비록 사후적인 방법이긴 하나, 단체장으로 하여금 정치적 책임감과 인사권 행사의 사후통제 수단은 될 수 있기 때문이다.

둘째, 단체장과 지방의회 간 합의를 전제로 한 협약을 체결하거나, 의회 예규에 따라 사전검증 형태의 인사청문회를 도입하는 방안을 고려해 볼 수 있다. 비록 제도적 지속성과 한계가 있더라도 단체장의 인사권을 견제하는데 효율적인 수단이 될 수 있고, 다른 지방의회의 사례를 벤치마킹한다면 충분히 도입 가능하다.

셋째, 광명시의회의 예처럼, 조례에 인사청문회에 관한 근거를 마련하면서 구체적인 사항은 단체장과 의회 간 협약을 통해 정하도록 하는 방안이다. 비록 법령의 근거는 없으나 조례상 근거를 갖기 때문에 협약이나 예규에 의한 경우보다는 법적 안정성이 높다고 할 수 있다.

끝으로, 지금까지 인사청문회가 공직후보자에 대한 검증 절차의 주체인 지방의회의 관점에서 전술하였다면, 이하에서는 청문 당사자인 공직후보자가 인사청문회를 통과하는데 필요한 비법을 소개하면서 글을 마무리하고자 한다.

10년 이상 미국 상원에서 근무한 의회전문가 톰 코롤로고스가 제시한 '인사 청문회를 통과하는 비법 10가지'는 한국의 국회뿐만 아니라 지방의회에서도 적용가능하고 참고할 만한 가치가 있다.[1]

1. 당신(청문 대상자)은 신부가 아니라 신랑이다. 질문하는 의원들이 더 많은 시간을 가져야 한다는 걸 잊지 말라. 모두 발언은 5분을 넘기지 말되 반드시 열정을 보여라.

2. 부인에게든, 이웃에게든 "위원장님, 만약 제가 인준이 된다면 항상 의회와 함께 일하겠습니다"란 말을 입이 닳도록 연습해라.

3. 인준이 되기 전까지는 새 자리를 얻었다고 생각하지 말라. 사무실 근처엔 얼씬도 말고, 로비스트·언론도 만나지 말라.

4. 과거 같은 자리에 지명됐던 전임자들의 청문회 속기록을 잘 읽어둬라. 늘 단골로 등장하는 질문들이 있다.

5. 당신이 꺼리는 질문에 대해선 반드시 답변을 준비해 둬라. 틀림없이 묻는다. 가장 곤혹스럽게 하는 과거 경력도 마찬가지다.

6. 지엽적인 문제에 집착하기보다 큰 그림을 말하라. 의원들은 나무 대신 숲을 볼 수 있는 답변을 원한다.

7. 해당 부처에서 앞으로 필요한 입법 사항을 자세히 조사해 놓아라. 직무수행 능력을 높게 평가받을 것이다.

8. 부인과 아이들, 부모 모두 청문회장에 불러 인간적으로 접근하라. 형제 중에 신부 같은 성직자가 있으면 금상첨화다.

9. 청문회는 애당초 공평하지 않은 것임을 받아들여야 한다. 시간의 80%를 의원들이 말하고 당신이 20% 말했다면 청문회를 아주 잘 치렀다. 60대 40이었다면 당신은 의원들과 논쟁을 한 거다. 만일 50대 50이었다면 완전히 청문회를 망친 것이다.

10. 옷을 다소 가볍게 입어라. 방송용 조명은 의외로 열을 많이 발생시킨다. 자칫 땀범벅이 될 수 있다.

---

1) 중앙일보, 2009.06.12., 장관 하고 싶으신 분, 미 의회 청문회 요령은 이렇답니다.

부록

최근 10년간 지방의회별
인사청문회 개최 현황

최근 10년간 지방의회별

인사청문회 개최 현황*

* 행정안전부 내부자료

연번	구분	지자체	대상 직위	개최일	채택여부	임명여부	실시근거
1	광역	서울특별시의회	서울시설관리공단 이사장	2016.03.24	채택	임명	협약
2	광역	서울특별시의회	서울메트로 사장	2016.08.23	채택	임명	협약
3	광역	서울특별시의회	서울에너지공사 사장	2016.11.24	채택	임명	협약
4	광역	서울특별시의회	서울도시철도공사 사장	2016.12.27	채택	임명	협약
5	광역	서울특별시의회	서울교통공사 사장	2017.05.18	채택	임명	협약
6	광역	서울특별시의회	서울주택도시공사 사장	2017.12.21	채택	임명	협약
7	광역	서울특별시의회	농수산식품공사 사장	2018.09.17	채택	임명	협약
8	광역	서울특별시의회	서울시설공단 이사장	2019.06.26	채택	임명	협약
9	광역	서울특별시의회	서울에너지공사 사장	2020.03.04	채택	임명	협약
10	광역	서울특별시의회	서울교통공사 사장	2020.03.25	채택	임명	협약
11	광역	서울특별시의회	물재생시설공단 이사장	2020.11.20	채택	임명	협약
12	광역	서울특별시의회	서울주택도시공사 사장	2021.07.27	불채택	사퇴	협약
13	광역	서울특별시의회	서울주택도시공사 사장	2021.11.10	불채택		협약
14	광역	서울특별시의회	서울농수산식품공사 사장	2021.12.29	채택	임명	협약
15	광역	서울특별시의회	서울시설공단 이사장	2022.06.27	채택	임명	협약
16	기초	서울 관악구의회	관악구시설관리공단 이사장	2016.10.14	채택	임명	협약
17	기초	서울 관악구의회	관악구시설관리공단 이사장	2019.02.20	채택	미임명	협약
18	기초	서울 관악구의회	관악구시설관리공단 이사장	2019.06.25	채택	임명	협약
19	기초	서울 강동구	강동문화재단 대표이사	2019.11.21	채택	임명	협약
20	기초	서울 강동구	강동구도시관리공단 이사장	2021.10.13	채택	임명	협약
21	기초	서울 강동구	강동문화재단 대표이사	2022.03.22	채택	임명	협약
22	광역	부산광역시의회	부산관광공사 사장	2018.10.23	채택	임명	협약
23	광역	부산광역시의회	부산교통공사 사장	2018.10.24	채택	미임명	협약
24	광역	부산광역시의회	부산환경공단 이사장	2018.10.24	채택	임명	협약
25	광역	부산광역시의회	부산도시공사 사장	2018.10.25	채택	임명	협약
26	광역	부산광역시의회	부산시설공단 이사장	2018.10.29	채택	임명	협약
27	광역	부산광역시의회	부산지방공단 스포원 이사장	2018.10.29	채택	미임명	협약
28	광역	부산광역시의회	부산지방공단 스포원 이사장	2018.12.13	채택	임명	협약
29	광역	부산광역시의회	부산교통공사 사장	2019.01.14	채택	임명	협약
30	광역	부산광역시의회	부산도시공사 사장	2021.11.01	채택	임명	협약

연번	구분	지자체	대상 직위	개최일	채택 여부	임명 여부	실시 근거
31	광역	부산광역시의회	부산교통공사 사장	2021.11.02	채택	임명	협약
32	광역	부산광역시의회	부산경제진흥원 원장	2021.12.13	채택	임명	협약
33	광역	부산광역시의회	부산환경공단 이사장	2022.01.04	채택	임명	협약
34	광역	부산광역시의회	부산관광공사 사장	2022.01.11	채택	임명	협약
35	광역	부산광역시의회	부산지방공단 스포원 이사장	2022.01.11	채택	임명	협약
36	광역	부산광역시의회	부산시설공단 이사장	2022.02.11	채택	임명	협약
37	광역	대구광역시의회	대구도시철도공사 사장	2017.07.13	채택	임명	협약
38	광역	대구광역시의회	대구의료원 원장	2017.10.18	채택	임명	협약
39	광역	대구광역시의회	대구시설공단 이사장	2018.06.20	채택	임명	협약
40	광역	대구광역시의회	대구도시공사 사장	2019.02.13	채택	임명	협약
41	광역	대구광역시의회	대구환경공단 이사장	2020.06.22	채택	임명	협약
42	광역	대구광역시의회	대구도시철도공사 사장	2020.07.15	채택	임명	협약
43	광역	대구광역시의회	대구의료원 원장	2020.10.13	채택	임명	협약
44	광역	대구광역시의회	대구시설공단 이사장	2021.06.29	채택	임명	협약
45	광역	대구광역시의회	대구도시공사 사장	2022.04.18	채택	임명	협약
46	광역	인천광역시의회	정무부시장	2014.08.08	채택	임명	예규
47	광역	인천광역시의회	경제부시장	2015.08.20	채택	임명	예규
48	광역	인천광역시의회	경제부시장	2016.05.24	채택	임명	예규
49	광역	인천광역시의회	정무경제부시장	2018.07.24	채택	임명	예규
50	광역	인천광역시의회	인천관광공사사장	2018.10.02	채택	임명	예규
51	광역	인천광역시의회	인천도시공사사장	2018.10.05	채택	임명	예규
52	광역	인천광역시의회	인천시설공단이사장	2019.02.12	채택	임명	예규
53	광역	인천광역시의회	인천교통공사사장	2019.08.22	채택	임명	예규
54	광역	인천광역시의회	인천환경공단이사장	2019.08.26	채택	임명	예규
55	광역	인천광역시의회	균형발전정무부시장	2019.12.27	채택	임명	예규
56	광역	인천광역시의회	인천도시공사사장	2020.01.16	채택	임명	예규
57	광역	인천광역시의회	균형발전정무부시장	2021.02.02	채택	임명	예규
58	광역	광주광역시의회	김대중컨벤션센터사장	2015.03.30	채택	미임명	협약
59	광역	광주광역시의회	김대중컨벤션센터사장	2015.06.05	채택	임명	협약
60	광역	광주광역시의회	광주여성재단대표이사	2015.04.15	채택	임명	협약
61	광역	광주광역시의회	광주복지재단대표이사	2015.09.21	채택	미임명	협약
62	광역	광주광역시의회	광주복지재단대표이사	2016.03.16	채택	임명	협약
63	광역	광주광역시의회	광주전남연구원장	2015.09.22	채택	미임명	협약
64	광역	광주광역시의회	광주전남연구원장	2016.01.06	채택	임명	협약
65	광역	광주광역시의회	광주환경공단이사장	2016.05.27	채택	임명	협약
66	광역	광주광역시의회	광주신용보증재단이사장	2017.04.13	채택	임명	협약
67	광역	광주광역시의회	광주도시철도공사사장	2017.05.16	채택	임명	협약
68	광역	광주광역시의회	광주도시공사사장	2017.05.17	불채택	미임명	협약
69	광역	광주광역시의회	광주여성재단대표이사	2017.06.05	채택	임명	협약

연번	구분	지자체	대상 직위	개최일	채택 여부	임명 여부	실시 근거
70	광역	광주광역시의회	광주문화재단대표이사	2017.09.06	채택	임명	협약
71	광역	광주광역시의회	광주도시공사사장	2018.10.04	채택	임명	협약
72	광역	광주광역시의회	김대중컨벤션센터사장	2018.10.23	채택	임명	협약
73	광역	광주광역시의회	광주환경공단이사장	2018.12.10	불채택	미임명	협약
74	광역	광주광역시의회	광주환경공단이사장	2019.03.12	채택	임명	협약
75	광역	광주광역시의회	광주도시철도공사사장	2019.02.25	채택	임명	협약
76	광역	광주광역시의회	광주복지재단대표이사	2019.03.25	채택	임명	협약
77	광역	광주광역시의회	광주신용보증재단이사장	2019.09.09	채택	임명	협약
78	광역	광주광역시의회	광주여성재단대표이사	2019.09.30	채택	임명	협약
79	광역	광주광역시의회	광주전남연구원장	2020.02.18	채택	임명	협약
80	광역	광주광역시의회	광주문화재단대표이사	2020.12.07	채택	임명	협약
81	광역	광주광역시의회	광주복지연구원원장	2021.07.19	불채택	미임명	협약
82	광역	광주광역시의회	광주복지연구원원장	2021.09.06	채택	임명	협약
83	광역	광주광역시의회	광주도시공사사장	2021.10.01	채택	임명	협약
84	광역	광주광역시의회	김대중컨벤션센터사장	2021.10.14	채택	임명	협약
85	광역	대전광역시의회	대전마케팅공사 사장	2014.10.29	채택	임명	규정
86	광역	대전광역시의회	대전시설관리공단이사장	2015.03.11	채택	미임명	규정
87	광역	대전광역시의회	대전시설관리공단이사장	2015.05.06	채택	임명	규정
88	광역	대전광역시의회	대전도시철도공사 사장	2015.08.31	채택	임명	규정
89	광역	대전광역시의회	대전도시철도공사 사장	2016.09.09	채택	임명	규정
90	광역	대전광역시의회	대전도시공사 사장	2017.09.15	채택	임명	규정
91	광역	대전광역시의회	대전마케팅공사사장	2017.11.30	채택	임명	규정
92	광역	대전광역시의회	대전시설관리공단이사장	2018.09.10	채택	임명	규정
93	광역	대전광역시의회	대전도시철도공사 사장	2019.09.19	채택	임명	규정
94	광역	대전광역시의회	대전도시공사 사장	2020.09.28	채택	임명	규정
95	광역	대전광역시의회	대전마케팅공사사장	2020.11.27	채택	임명	규정
96	광역	대전광역시의회	대전시설관리공단이사장	2021.08.31	채택	임명	규정
97	광역	울산광역시의회	울산발전연구원장	2019.07.24	채택	임명	협약
98	광역	울산광역시의회	울산경제진흥원장	2020.10.21	채택	임명	협약
99	광역	울산광역시의회	울산도시공사 사장	2021.11.12	채택	임명	협약
100	광역	울산광역시의회	울산시설공단 이사장	2021.11.25	채택	임명	협약
101	광역	경기도의회	경기관광공사	2021.12.27	불채택	미임명	협약
102	광역	경기도의회	경기콘텐츠진흥원	2021.07.05	채택	임명	협약
103	광역	경기도의회	경기도농수산진흥원	2021.08.17	채택	임명	협약
104	광역	경기도의회	경기도경제과학진흥원	2021.01.11	채택	임명	협약
105	광역	경기도의회	경기교통공사	2020.11.27	채택	임명	협약
106	광역	경기도의회	경기도평생교육진흥원	2020.11.19	채택	임명	협약
107	광역	경기도의회	경기도일자리재단	2020.11.05	채택	임명	협약
108	광역	경기도의회	경기환경에너지진흥원	2021.06.28	채택	임명	협약

연번	구분	지자체	대상 직위	개최일	채택 여부	임명 여부	실시 근거
109	광역	경기도의회	경기도시공사 사장	2019.02.18	채택	임명	협약
110	광역	경기도의회	경기연구원장	2018.09.04	채택	임명	협약
111	광역	경기도의회	경기문화재단(대표이사)	2018.12.20	채택	임명	협약
112	광역	경기도의회	경기도시공사 사장	2017.05.16	채택	임명	협약
113	광역	경기도의회	경기문화재단(대표이사)	2016.09.05	채택	임명	협약
114	광역	경기도의회	경기도시공사 사장	2014.09.11	채택	임명	협약
115	광역	경기도의회	경기개발연구원 원장	2014.09.12	채택	임명	협약
116	광역	경기도의회	경기도시공사 사장	2014.09.04	채택	임명	협약
117	광역	경기도의회	경기문화재단 대표이사	2014.09.04	채택	임명	협약
118	광역	경기도의회	경기중소기업종합지원센터 대표이사	2014.09.05	불채택	미임명	협약
119	광역	경기도의회	경기개발연구원 원장	2014.09.05	채택	임명	협약
120	광역	경기도의회	경기문화재단(대표이사)	2014.09.11	채택	임명	협약
121	기초	경기 광명시의회	광명도시공사 사장	2018.09.14	채택	임명	조례
122	기초	경기 의왕시의회	의왕도시공사 사장	2021.01.19	채택	임명	협약
123	기초	경기 과천시의회	과천도시공사 사장	2020.06.30	채택	임명	협약
124	광역	강원도의회	산업경제진흥원장	2016.08.05	불채택	임명	협약
125	광역	강원도의회	강원신용보증재단이사장	2016.09.07	채택	임명	협약
126	광역	강원도의회	강원연구원장	2017.07.26	채택	임명	협약
127	광역	강원도의회	한국여성수련원장	2017.09.27	채택	임명	협약
128	광역	강원도의회	강원테크노파트원장	2018.01.31	채택	임명	협약
129	광역	강원도의회	강원신용보증재단이사장	2018.11.06	채택	임명	협약
130	광역	강원도의회	강원도립대학교총장	2019.06.26	채택	임명	협약
131	광역	강원도의회	강원연구원장	2020.07.10	채택	임명	협약
132	광역	강원도의회	한국여성수련원장	2020.09.23	채택	임명	협약
133	광역	강원도의회	강원신용보증재단이사장	2020.10.28	채택	임명	협약
134	광역	충청북도의회	충북개발공사	2019.10.01	채택	임명	협약
135	광역	충청북도의회	충북테크노파크	2019.11.19	채택	임명	협약
136	광역	충청북도의회	청주의료원장	2020.08.24	채택	임명	협약
137	광역	충청북도의회	충북테크노파크	2021.11.19	채택	임명	협약
138	광역	충청남도의회	충청남도서산의료원장	2018.10.25	채택	임명	협약
139	광역	충청남도의회	충청남도천안의료원장	2018.11.21	채택	임명	협약
140	광역	충청남도의회	충청남도공주의료원장	2019.01.29	불채택	임명	협약
141	광역	충청남도의회	충청남도교통연수원장	2019.01.30	채택	임명	협약
142	광역	충청남도의회	충청남도홍성의료원장	2019.07.17	채택	임명	협약
143	광역	충청남도의회	충청남도교통연수원장	2021.01.28	채택	임명	협약
144	광역	충청남도의회	충남개발공사사장	2021.02.04	채택	임명	협약
145	광역	충청남도의회	충남문화재단 대표이사	2021.06.22	채택	임명	협약
146	광역	충청남도의회	충남연구원장	2021.09.09	채택	임명	협약
147	광역	충청남도의회	충청남도서산의료원장	2021.10.15	채택	임명	협약

연번	구분	지자체	대상 직위	개최일	채택여부	임명여부	실시근거
148	광역	충청남도의회	충청남도천안의료원장	2021.11.19	채택	임명	협약
149	광역	충청남도의회	충청남도사회서비스원장	2021.12.16	채택	임명	협약
150	광역	충청남도의회	충청남도공주의료원장	2022.01.27	채택	임명	협약
151	광역	전라북도의회	전북연구원장	2021.03.11	채택	임명	협약
152	광역	전라북도의회	군산의료원장	2020.11.04	채택	임명	협약
153	광역	전라북도의회	전북신용보증재단 이사장	2020.12.21	채택	임명	협약
154	광역	전라북도의회	전북개발공사 사장	2019.03.19	채택	임명	협약
155	광역	전라북도의회	전라북도문화관광재단 대표이사	2020.06.03	채택	임명	협약
156	광역	전라남도의회	전남사회서비스원장	2015.07.14	채택	임명	협약
157	광역	전라남도의회	광주전남연구원장	2015.09.22	채택	임명	협약
158	광역	전라남도의회	광주전남연구원장	2016.01.06	채택	임명	협약
159	광역	전라남도의회	전남사회서비스원장	2016.09.28	채택	임명	협약
160	광역	전라남도의회	전남신용보증재단 이사장	2016.09.28	채택	임명	협약
161	광역	전라남도의회	전남바이오산업진흥원장	2017.10.18	채택	임명	협약
162	광역	전라남도의회	전남개발공사사장	2018.09.05	채택	임명	협약
163	광역	전라남도의회	전남사회서비스원장	2019.09.26	채택	임명	협약
164	광역	전라남도의회	전남신용보증재단 이사장	2019.10.10	채택	임명	협약
165	광역	전라남도의회	광주전남연구원장	2020.02.19	채택	임명	협약
166	광역	전라남도의회	전남바이오산업진흥원장	2021.10.13	채택	미임명	협약
167	광역	전라남도의회	전남바이오산업진흥원장	2021.12.10	채택	임명	협약
168	광역	경상북도의회	경상북도개발공사 사장	2018.02.07	채택	임명	협약
169	광역	경상북도의회	경상북도개발공사 사장	2021.02.18	채택	임명	협약
170	광역	경상북도의회	경상북도문화관광공사 사장	2019.02.13	채택	임명	협약
171	광역	경상북도의회	경상북도문화관광공사 사장	2022.02.09	채택	임명	협약
172	광역	경상북도의회	포항의료원장	2018.10.11	채택	임명	협약
173	광역	경상북도의회	포항의료원장	2021.10.13	채택	임명	협약
174	광역	경상북도의회	김천의료원장	2018.01.31	채택	임명	협약
175	광역	경상북도의회	김천의료원장	2021.02.03	채택	임명	협약
176	광역	경상북도의회	안동의료원장	2018.11.20	채택	임명	협약
177	광역	경상북도의회	안동의료원장	2021.11.04	채택	임명	협약
178	광역	경상남도의회	경남문화예술진흥원장	2018.10.16	채택	임명	협약
179	광역	경상남도의회	경남발전연구원장	2018.10.19	채택	임명	협약
180	광역	경상남도의회	경남로봇랜드재단 원장	2018.10.19	채택	임명	협약
181	광역	경상남도의회	경남신용보증재단 이사장	2018.10.25	채택	임명	협약
182	광역	경상남도의회	경남테크노파크 원장	2018.10.31	채택	임명	협약
183	광역	경상남도의회	경남개발공사 사장	2018.12.06	채택	임명	협약
184	광역	경상남도의회	경남로봇랜드재단 원장	2020.05.13	채택	임명	협약
185	광역	경상남도의회	경남문화예술진흥원장	2021.02.19	채택	임명	협약
186	광역	경상남도의회	경남테크노파크 원장	2021.06.16	채택	임명	협약

연번	구분	지자체	대상 직위	개최일	채택여부	임명여부	실시근거
187	광역	제주특별자치도의회	별정직 지방공무원에 보하는 부지사	2014.08.07	채택	임명	제주특별법
188	광역	제주특별자치도의회	제주시장	2014.10.06	채택	미임명	예규
189	광역	제주특별자치도의회	제주에너지공사 사장	2014.10.27	채택	임명	예규
190	광역	제주특별자치도	감사위원장	2014.11.18	채택	미임명	제주특별법
191	광역	제주특별자치도의회	제주개발공사 사장	2014.11.13.	채택	임명	예규
192	광역	제주특별자치도의회	제주발전연구원장	2014.11.28.	채택	임명	예규
193	광역	제주특별자치도의회	제주국제컨벤션센터 사장	2014.12.1.	채택	임명	예규
194	광역	제주특별자치도의회	제주시장	2014.12.16.	채택	임명	예규
195	광역	제주특별자치도의회	감사위원장	2015.01.08	채택	임명	제주특별법
196	광역	제주특별자치도의회	정무부지사	2015.12.23	채택	임명	제주특별법
197	광역	제주특별자치도의회	제주시장	2016.06.24	채택	임명	예규
198	광역	제주특별자치도의회	서귀포시장	2016.06.27	채택	임명	예규
199	광역	제주특별자치도의회	제주개발공사 사장	2017.03.31	채택	임명	예규
200	광역	제주특별자치도의회	제주에너지공사 사장	2017.04.18	채택	임명	예규
201	광역	제주특별자치도의회	정무부지사	2017.07.06	채택	임명	제주특별법
202	광역	제주특별자치도의회	서귀포시장	2017.09.01	채택	임명	예규
203	광역	제주특별자치도의회	제주관광공사 사장	2017.10.13	채택	임명	예규
204	광역	제주특별자치도의회	제주연구원장	2017.12.14	채택	임명	예규
205	광역	제주특별자치도의회	감사위원장	2018.02.02	채택	임명	제주특별법
206	광역	제주특별자치도의회	제주컨벤션센터 사장	2018.08.16	채택	임명	예규

연번	구분	지자체	대상 직위	개최일	채택 여부	임명 여부	실시 근거
207	광역	제주특별 자치도의회	제주시장	2018.08.17	채택	임명	예규
208	광역	제주특별 자치도의회	서귀포시장	2018.08.20	채택	임명	예규
209	광역	제주특별 자치도의회	정무부지사	2019.10.30	채택	임명	제주 특별법
210	광역	제주특별 자치도의회	제주에너지공사 사장	2020.03.20	채택	임명	예규
211	광역	제주특별 자치도의회	제주개발공사 사장	2020.06.12	채택	임명	예규
212	광역	제주특별 자치도의회	제주시장	2020.06.26	채택	임명	예규
213	광역	제주특별 자치도의회	서귀포시장	2020.06.29	채택	임명	예규
214	광역	제주특별 자치도의회	제주연구원장	2020.08.26	채택	임명	예규
215	광역	제주특별 자치도의회	정무부지사	2020.08.28	채택	임명	제주 특별법
216	광역	제주특별 자치도의회	제주관광공사 사장	2020.10.28	채택	임명	예규
217	광역	제주특별 자치도의회	감사위원장	2021.04.27	채택	임명	제주 특별법
218	광역	제주특별 자치도의회	정무부지사	2021.09.16	채택	임명	제주 특별법

참고문헌

경남신문(2013). 경남도 – 도의회 인사검증 좌초, 이러려고 했나. 2월 19일.

경인일보(2022). 지방의회 인사청문 없거나 유명무실… 지자체 산하기관장 임용에는 '노터치'. 8월 12일.

관악저널(2016). "인사청문회 실효성 위해 관악구의회 역량 요구돼..". 9월 22일.

광명데일리(2018). "광명도시공사 사장 '인사청문회' 상위법 위반 논란". 9월 6일.

권건보 · 김지훈(2012). 인사청문회제도에 대한 비교법적 고찰. 한국법제연구원, 현안분석 2012 – 17.

김명식(2017). 지방자치단체 인사청문회 운영의 법적 문제. 제도와 경제, 11(2): 129 – 151.

김성준(2004). 지방정부의 인사청문회 도입에 관한 연구. 한국비교정부학보, 8(2): 126 – 148.

김일환 · 장인호(2010). 미국 연방헌법상 인사청문회제도. 미국헌법연구, 21(3): 209 – 214.

김철(2018). 지방공기업 낙하산 인사의 실태와 개선 방향. 사회공공연구원 이슈페이퍼, 2018 – 06.

내일신문(2011). 산하단체장 인사 의견청취가 청문회?. 2월 10일.

대법원 1993.2.9. 선고 92추93

대법원 1994.4.26. 선고 93추175

대법원 2002.4.26. 선고 2002추23

대법원 2004.7.22. 선고 2003추44

대법원 2004.7.22. 선고 2003추51

대법원 2005.4.26. 선고 2002추23

대법원 2009.9.24. 선고 2009추53

대법원 2012.11.22. 선고 2010두19270 전원합의체

대법원 2012.12.26. 선고. 2012추91

대법원 2013.9.27. 선고, 2012추169

대법원 2017.12.13. 선고 2014추644

류춘호(2018). 지방의회의 인사청문회 도입 논리와 전략. 한국정책학회 추계학술발표 논문집, 2018: 120 – 176.

박순종(2016). 지방자치단체 인사청문회 도입 및 운영 사례분석: 서울특별시를 중심으로. 인문사회과학연구, 2(2): 25-41.

박순종·박노수(2014). 지방의회 의원 보좌관제도의 차등적 도입에 관한 연구. 도시행정학보, 27(3): 61-89.

박순종·최병대(2015). 지방자치단체 인사청문회 제도의 도입실태 분석. 한국지방자치학회보, 27(2): 271-292.

서울특별시의회(2019), 서울형 인사청문제도 도입에 관한 연구 용역보고서.

손병권(2010). 국회 인사청문회의 정치적 의미, 기능 및 문제점. 의정연구, 16(1): 5-33.

아시아경제(2014). 경기도 인사청문 기관장 첫'낙마'…최동규대표'사퇴'. 9월 19일.

아주경제(2015). '측근 심기' 논란 광주시, 산하기관장 인사청문회 도입키로. 1월 20일.

연합뉴스(2014). 원희룡 제주지사 협치 '위기'…기관장 인사 '파열음'. 10월 30일.

연합뉴스(2017). 고위공직 예비후보자 사전 질문서 주요 내용. 11월 28일.

원구환(2014). 지방공기업 인사청문회 도입 방안에 관한 연구, 서울특별시의회 입법&정책, 8: 19-4.

유수동·임정빈(2022). 시민이 바라본 지방의회 인사청문제도의 기대효과에 관한 실증 연구: 제도적 기능, 투명성, 시민참여를 중심으로. 한국인사행정학회보, 21(1): 107-132.

윤원수(2018). 지방자치단체 공공기관장 인사검증에 관한 연구: 제주특별자치도 인사청문회를 중심으로. 국정관리연구, 13(1): 211-233.

윤혜진·박순종(2018). 한국 인사청문회 제도에 관한 비교 연구: 국회와 지방의회 도입 실태 및 운영 사례를 중심으로. 한국지방자치학회보, 30(3): 183-205.

이권일(2022). 지방자치단체의 인사청문제도-지방의회의 권한을 중심으로. 동아법학, (94): 61-90.

이용우(2012). 지방공기업사장 등의 인사청문회제도의 필요성과 도입방안, 한국의회학회보 창간호: 121-144.

임영덕·신가은(2012). 지방의회 인사청문회에 관한 법적 고찰. 법과 사회, (43): 357-384.

전북도민일보(2020)."김정수 전북도의원 출연기관장 인사청문회 패싱 질타". 6월 10일.

전원배(1997). 미국의 청문회제도와 그 시사점, 국회입법조사실 현안분석, 제143호.

전진영·김선화·이현출(2009). 국회 인사청문회제도의 현황과 개선방안, 국회입법조사처 현안보고서. 제45호.

전충렬·김판석(2014). 미국 연방정부의 고위직 임용체계와 인사청문제도에 대한 사례연구. 한국인사행정학회보, 13(2): 1 – 37.

정시구(2014). 한국의 인사청문회에 대한 연구. 한국공공관리학보, 28(4): 91 – 116.

정일섭(2003). 인사청문회제도에 대한 연구. 한국지방자치학회보, 15(3): 191 – 208.

중앙일보(2009). 장관 하고 싶으신 분, 미 의회 청문회 요령은 이렇답니다. 6월 12일.

최근열(2021). 지방자치단체 인사청문회 운영 사례분석: 대구광역시 의회를 중심으로. 한국지방자치연구, 23(1): 93 – 110.

행정안전부 질의회신 자료.

황영호 · 박대우(2018). 국회 인사청문회의 전문성 제고 방안. 한국자치행정학보, 32(4): 383 – 404.

Gellhorn, Ernest & Boyer, Berry B.(1981). Administration Law and process. 2nd edition, St. Paul. Minnesota West Publishing Co.

Tong, Lorraine H.(2008), "Senate Confirmation Process: A Brief Overview," CRS Report for Congress, March 27.

┃ 저자 소개

박순종

    한양대학교 행정학 박사

    현 서울특별시의회 입법조사관, 한양대학교 공공정책대학원 겸임교수

    주요경력 ┃ 숭실대학교 행정학부 초빙교수, 한양대학교 미래인재교육원 시간강사

    블로그 ┃ https://blog.naver.com/bbaks95 / 스스로 다스림(自治)&민의의 전당(議會)

박기관

    건국대학교 행정학 박사

    현 상지대학교 공공인재학과 교수

    주요경력 ┃ 한국지방자치학회 회장, 대통령직인수위원회 지역균형발전특별위원회 위원

이승모

    한양대학교 행정학 박사

    현 지방자치인재개발원 교수

    주요경력 ┃ 한양대학교 정책대학원 겸임교수, 서울특별시의회 입법조사관

지방의회도 인사청문회를 한다

초판발행	2023년 1월 20일
지은이	박순종 · 박기관 · 이승모
펴낸이	안종만 · 안상준
편 집	양수정
기획/마케팅	손준호
표지디자인	이영경
제 작	고철민 · 조영환
펴낸곳	(주) 박영사
	서울특별시 금천구 가산디지털2로 53, 210호(가산동, 한라시그마밸리)
	등록 1959. 3. 11. 제300-1959-1호(倫)
전 화	02)733-6771
f a x	02)736-4818
e-mail	pys@pybook.co.kr
homepage	www.pybook.co.kr
ISBN	979-11-303-1644-4 93350

정 가   16,000원